KB232430

지금, 나를 믿는 힘이
필요한 너에게

이 책을 만드는 데 도움을 준 하늘초등학교와

장성중학교 학생들에게 고마운 마음을 전합니다.

－고정욱

탄탄지교

지금, 나를 믿는 힘이 필요한 너에게
-고정욱 작가와 함께 하는 마인드 PT

초판 1쇄 발행 2026년 4월 20일

지은이 고정욱 **일러스트** 도아마

펴낸이 윤상열
기획편집 서영옥 최은영 **디자인** DESIGNPARK **마케팅** 윤선미 이수정 **경영관리** 김미홍
펴낸곳 도서출판 그린북 **주소** 서울시 마포구 방울내로11길 23 두영빌딩 3층
전화 02-323-8030~1 **팩스** 02-323-8797
이메일 gbook01@naver.com **블로그** blog.naver.com/gbook01

ⓒ 고정욱 도아마 2026
이 책의 출판권은 도서출판 그린북에 있습니다.
저작권법에 의해 한국 내에서 보호받는 저작물이므로 무단 전재와 무단 복제를 금합니다.

ISBN 978-89-5588-880-5 43190

＊도서출판 그린북은 미래의 나와 즐거운 세상을 만들어 가는 콘텐츠를 만듭니다.
＊도서출판 그린북은 독자 여러분의 소중한 의견과 원고를 기다립니다.
＊잘못 만들어진 책은 구입하신 곳에서 바꾸어 드립니다.

[사진 출처]
・헬렌 켈러 － Los Angeles Times photographic archive, UCLA Library
・넬슨 만델라 － ⓒ John Mathew Smith, CC BY-SA 2.0
・스티븐 호킹 － NASA (Public Domain)

고정욱 작가와 함께 하는 마인드 PT

고정욱 지음

그린북

기적은 오늘, 너의 입에서 나오는 한 문장에서 시작돼

우리는 지금, 부정적인 생각이 일상처럼 퍼져 있는 시대를 살고 있어. SNS 속 끝없는 비교, 멈추지 않는 경쟁, 외모와 성적이라는 잣대, 그리고 반복되는 실패와 상처 속에서 일부 청소년들은 점점 자신을 잃어 가고 있지.

이러한 시대에 가장 필요한 것은 단순한 위로가 아니라, 자기 자신을 다시 일으키는 언어, 즉 '긍정 확언'이야. 긍정 확언은 자신에게 긍정적인 말을 반복함으로써 무의식 속 사고방식을 재구성해. 심리적으로는 자기 효능감을 높이며, 뇌과학적으로는 보상 회로를 자극해 실제 행동과 결과를 바꾸는 데 큰 도움을 주는 방법이지. 긍정 확언은 단순한 말이 아니야. 삶을 바꾸는 씨앗이며, 기적을 일으키는 도화선이지.

어릴 적 나는 소아마비로 장애인이 되었고, 외부 세계와 단절될 수밖에 없는 현실에 던져졌어. 자존감이 바닥인 환경 속에서 책은 나의 유일한 통로였어. 나는 고전을 읽으며 위인들의 끈기와 신념을 배웠고, 동화를 읽으며 상처받은 마음을 치유받았지. 자기 계발서를 읽으며 스스로에게 말 거는 법을 익혔어. 그렇게 독서를 통해 한 문장 한 문장이 내 안에 쌓였고, 결국 내 삶을 지탱하는 긍정 확언이 되었지.

이 책은 십 대를 위한 30개의 긍정 확언이 남겨 있고, 내가 수십 년간 삶에서 얻은 확언, 그리고 책에서 길어 올린 문장들로 이루어져 있어. 공허한 구호가 아니라, 실제로 마음과 인생을 바꾼 내 경험에서 우러난 말들이야. 이 책은 긍정과 자존감을 심어 주는 자기 계발서이자, 세상을 이겨 낼 내면의 무기를 주는 손자병법이야. 공부보다 먼저 갖춰야 할 '마음의 체력'을 키우는 훈련이기도 해.

이 책을 통해 너 자신에게 말을 걸기 시작한다면, 삶은 분명 달라질 거야. 거울 앞에서, 일기장에, 손 글씨로, 하루 열 번씩 긍정 확언을 반복해 봐. 처음엔 어색해도 반복하면 뇌가 반응하고, 감정이 달라지고, 행동이 바뀌고, 결국 현실이 달라져. 기적은 멀리 있는 것이 아니야. 기적은 오늘, 너의 입에서 나오는 한 문장에서 시작될 수 있어.

자신을 믿고 실패 앞에서도 무너지지 않는 단단한 사람으로 자라나는 데 이 책이 도움이 되길 진심으로 바란다. 이제 기적을 부르는 말의 씨앗을 너의 삶 속에 뿌려 봐.

2026년 봄, 북한산 기슭에서
고정욱

긍정 확언 실천법

1. 긍정의 말을 반드시 소리 내어 선언하기

1일 1개씩, 긍정의 말을 크게 소리 내어 10번 읽어 봐. 이때 배에 힘을 주고 입을 크게 벌리며, 마치 연극배우가 발성 연습을 하듯 크게 외쳐야 해.

2. 자신과 마주하고 확언하기

거울 속 자신의 얼굴을 보면서 긍정의 말을 들려줘. 어색할 수 있지만 눈을 응시하고 밝게 웃으며 긍정 확언을 해. 가장 먼저 자신이 듣게 될 거야. 그러다 보면 나 자신과 친구가 돼.

3. 꼭 손 글씨로 쓰기

책 속에 담긴 긍정의 말을 하루에 10번씩 손 글씨로 또박또박 적어. 물론 적으면서 혼잣말로 따라 읽으면 긍정 효과는 단연 두 배 이상이야!

4. 반복 습관 만들기

3개월(90일)간 말하기와 쓰기를 반복해. 책 속 문장이 눈앞에 아른거릴 때까지 횟수를 정해 반복 독서를 해. 반복 독서가 습관이 되면, 의식과 무의식, 현실이 단계별로 변화될 거야.

차례

서문

긍정 확언 실천법

나를 나답게 해 주는
긍정 확언 10 - 자기 긍정·자존감

① 나는 나를 사랑해 … 12

② 나는 내 인생의 주인공이야 … 18

③ 나는 나를 믿어 … 24

④ 나는 흔들려도 무너지지 않아 … 30

⑤ 나는 정말 괜찮은 사람이야 … 36

⑥ 나는 지금도 성장하는 중이야 … 42

⑦ 나는 멋진 사람이 될 거야 … 48

⑧ 나는 내가 원하는 것을 스스로 알 수 있어 … 54

⑨ 나는 지금 행복해지기로 해 … 60

⑩ 나는 나만의 길을 간다 … 66

• 긍정 확언으로 삶을 단단하게 만든 사람들

일상을 단단하게 해 주는
긍정 확언 11 - 행동력·동기 부여

① 나는 절대 포기하지 않아 … 76

② 내 노력은 배신하지 않아 … 82

③ 일단 시작해 보자 … 88

④ 실패할수록 성공이 가까워 … 94

⑤ 오늘의 내가 내일을 만들어 … 100

⑥ 나는 도전하는 사람이야 … 106

⑦ 나는 내 미래를 바꿀 수 있어 … 112

⑧ 매일 조금씩이라도 하자 … 118

⑨ 다음에 잘하면 돼 … 124

⑩ 지금은 힘들어도 곧 웃게 될 거야 … 130

⑪ 나는 끝까지 해낼 거야 … 136

• 긍정 확언이 뇌에 주는 영향

관계 속에서 나를 지키는
긍정 확언 9 - 감정 조절 · 인간관계

① 나쁜 생각은 털어 버리자 … 146

② 나는 친구들에게 잘해 주고 싶어 … 152

③ 내게는 나를 응원해 주는 사람늘이 있어 … 158

④ 나는 남의 말에 휘둘리지 않아 … 164

⑤ 내게는 나를 지킬 용기가 있어 … 170

⑥ 나는 무례한 사람과 거리를 둘 거야 … 176

⑦ 나는 다른 사람의 행복을 빌어 줄 거야 … 182

⑧ 나는 찌질하게 안 살아 … 188

⑨ 나는 감정에 휘둘리지 않아 … 194

• 나를 단단하게 만들어 가는 119 체크표

나를 나답게 해 주는
긍정 확언 10 - **자기 긍정 · 자존감**

자신보다
다른 사람의 기분을
맞추느라 지친 너에게

주변에 기분을 맞춰야 할 존재가 많아. 부모님, 선생님, 친구, 형제, 심지어 강아지와 고양이까지. 눈치 보느라 많이 지치지? 이제부터는 나를 단단하게 만들어서 나의 기분도 존중받게 해 보자.

나는 나를 사랑해

나를 사랑하지 않으면
누가 나를 사랑할까?

혹시 거울 속 네 얼굴을 보고 "아, 별로다…." 하고 한숨 쉰 적 있니? 나도 예전에 좀 그랬어. 늘 우울했거든. 그래서 사진 찍을 때도 미소를 짓기가 힘들었어.

사진 찍을 때 필터 고르고 각도 맞추느라 시간 걸린 적 있지? 나도 그랬어. 근데 나는 얼굴 각도가 아니라, 내 목발과 휠체어까지 프레임 밖으로 밀어 내곤 했단다.

고등학교나 대학교 시절에 찍은 내 사진을 보면, 늘 짚고 다니던 목발이 안 보여. 사진을 찍는다고 하면 일부러 목발을 더 멀리, 사진의 프레임 바깥으로 내보냈기 때문이야. 목발 짚은 장애인 모습을 사진에 남기기 싫었던 거야. 그때는 길을 걷다가 유리창에 비친 내 모습을 보는 것조차 싫었어. 힘없이 흐느적거리는 다리와 힘겹게 목발로 이동하는, 비참한(?) 장애인이 바로 나였으니까.

하지만 어느 순간에 깨달았어. 사람들이 고개 돌려 쳐다보는 그 장애인이 어쩔 수 없는 나라는 것을. 그건 부인할 수도 없고 바꿀 수도 없는 거야. 부인해 봐야 죽을 때까지 변하지 않는 나의 모습이야.

그런데 나조차 나를 사랑하지 않으면 누가 내 모습을 사랑해 주겠어? 어느 순간부터 나는 마음을 바꿔 먹었어. 그래서 지금은 사진을 찍을 때 오히려 이렇게 말하지.

"휠체어가 다 나오게 찍어 주세요."

"계단을 못 올라서 난감해하는 장면도 찍어 주세요."

왜냐하면 그게 바로 나니까. 나의 정체성은 바로 휠체어 탄 장애인이라는 거야. 지금 나는 있는 그대로의 나를 사랑하고 있어. 그렇기 때문에 글쓰기를 시작해 35년이 지난 지금 '장애'라는 장르를 개척한 작가가 되었지. 나는 이런 나를 사랑해!

   나를 나답게 해 주는 긍정 확언 1

'지금의 나'를 괜찮다고
인정해 주는 진심

우리는 매일 거울을 보며 나 자신을 마주해. 하루를 사는 동안 자신을 잊어버리거나 생각하지 않으려고 거울을 잘 들여다보지 않는 사람도 있지. 때로는 다른 사람과 비교하며 자신을 싫어하기도 해. 성형 수술을 생각하기도 하지. 성형은 더 나은 외모를 갖고 싶다는 욕망 못지않게 지금의 자신을 인정하지 않는 마음이 있기에 시도하고 싶어 하는 거야.

하지만 "자신을 사랑하는 것이 모든 삶의 출발점"이라고 많은 선인들이 말했어. 철학자 소크라테스(고대 아테네, 기원전 470~399)는 "너 자신을 알라."고 했는데, 이는 자신을 존중하라는 말이기도 해.

다른 사람을 사랑하려면 먼저 나를 사랑할 줄 알아야 진심이 생기는 법이야. 세상은 우리에게 많은 기준을 제시하지만, 굳이 그 기준에 우리 자신을 맞출 필요는 없어. 나의 약점도 나의 일부로 받아들일 때, 진짜 나로 살아갈 수 있는 용기가 생겨.

자기 사랑은 거창한 게 아니라, 오늘의 나를 괜찮다고 인정해 주는 마음이지. 거울을 볼 때마다 "너 좀 멋진데? 이렇게 괜찮은 사람이었어?” 하고 자신을 일부러라도 치켜세워 봐.

살다 보면 작은 걸 인정해 주기가 쉽지 않아. 하지만 매일매일 자신의 작은 일부를 인정해 주다 보면 자신도 모르는 매력을 더 발견하게 될 거야. 자신에 대한 사랑은 자기 인정에서부터 출발하거든. 그렇게 나를 인정하면 나를 사랑하게 되고, 언젠가 남에게도 따뜻한 사람이 되는 거지.

“나는 나를 사랑해!”

명언 & 각오

"남을 아는 것은 지혜요, 자기를 아는 것은 밝음이다."

- 노자(중국, 사상가, 기원전 571~471),《도덕경》

▷ 자기를 아는 것, 곧 자기 자신을 사랑하는 것이 진정한 깨달음이라는 뜻.

*　*　*　*　*
**　**　**　**　**

◆ 더 나은 나를 위한 긍정 선언

• 나는 지금 ＿＿＿＿＿＿＿＿＿＿＿＿＿＿＿＿＿＿＿ 이라는
  두려움 때문에 멈춰 서 있다.

• 하지만 이제는 ＿＿＿＿＿＿＿＿＿＿＿＿＿＿＿＿

  ＿＿＿＿＿＿＿＿＿＿＿＿＿＿＿ 에 한 발 내딛어 보겠다.

• 실패해도 괜찮다. 중요한 건 내가 ＿＿＿＿＿＿＿＿＿

  ＿＿＿＿＿＿＿＿＿＿＿＿＿＿＿＿＿＿ 는 것이다.

나는 내 인생의
주인공이야

남의 말에 흔들리며 살았다면
지금의 나는 없을 거야

한 번쯤 이런 말을 들어 봤을 거야.

"그 길 가면 힘들어, 빨리 다른 길 찾아."

"그거 별거 아니야, 괜히 애쓸 필요 없어."

"혼자 스트레스받지 말고, 내가 알려 준 대로 해. 그게 편해."

다른 사람의 말은 조언이 되기도 하지만, 때로는 내 마음을 흔드는 족쇄가 되기도 해. 요즘은 수많은 SNS 댓글이 영향력을 주는 걸 봐도 알 수 있어. 일상의 크고 작은 문제들을 결정할 때, 자신의 생각과 감각보다 다른 사람의 말과 글을 더 우선하는 경우가 많아.

소설가로 신춘문예에 당선되어 활동한 지 약 7년 만에, 나는 소설 쓰기를 접었어. 그 당시에 인터넷과 각종 방송 매체의 영향으로 사람들이 더 이상 소설에 흥미를 느끼지 못했기 때문이야. 이

대로 가다가는 작가 생명도 끝나겠다는 생각이 들었지. 그 무렵부터 나는 동화를 쓰기 시작했어. 그때가 한국 아동 출판의 봄이 시작될 무렵이었어. 그 시기에 탄생한 작품이 《아주 특별한 우리 형》《안내견 탄실이》《네 손가락의 피아니스트》 같은 작품들이야.

동화로 방향을 전환한 뒤 활발하게 작가 활동을 이어 가자, 예전에 소설을 함께 쓰던 동료가 내게 물었어.

"고 선생, 언제까지 동화 쓰실 거예요? 하하, 빨리 소설로 돌아오세요."

그때 나는 단호하게 대답했지.

"물 들어올 때 노 저어야지요."

농담 반, 진담 반으로 대꾸했지만, 말처럼 그 당시에 나는 열심히 작업에 몰두했고, 지금도 여전히 아동 청소년 문학 작가로 살고 있어. 동화를 쓰면서 보람을 느끼고, 그 무엇보다도 큰 행복을 맛봐. 내가 즐겁게 할 수 있고 잘할 수 있는 분야를 찾았기 때문이지. 또 남의 말에 흔들리지 않는 삶을 살면서 언제나 작가로서의 삶에 자부심을 느끼기 때문이기도 해.

그 당시 소설을 고집하던 지인들은 지금 이 길에 남아 있지 않아. 내가 만약 남의 말에 귀 기울이며 흔들리는 사람이었다면, 지금의 나는 없었을 거야. 물론 나도 다른 사람들의 말에 귀를 기울이지만 참고만 할 뿐, 인생의 문제를 결정할 때는 언제나 내 자신의 목소리를 더 존중해. 그래서 나는 늘 외치지.

"나는 내 인생이 주인공이야."

나를 지키는 것도 연습이 필요해

나 자신은 나의 인생에서 가장 오래 함께할 친구이자, 끝까지 책임져야 할 주인공이야. '줏대가 있다'든가 '뚝심 있다'는 말은 남이 뭐라 하든 나를 알고 나의 길을 간다는 뜻이지. 남과 비교만 하다 보면 점점 조연이 되어 삶의 무대에서 밀려나 버리거든.

공자(중국, 유학자, 기원전 551~479)는 "군자는 남에게 휘둘리지 않는다."고 말했어. 즉, 주체성 있는 사람은 유행이나 남의 시선이 아니라, 자기 신념으로 움직인다는 거야. 청소년 시기는 흔들리는 시기지만, 나의 중심을 지키는 연습을 많이 해야 해. 외모, 친구 관계… 이 모든 것보다 중요한 건 내가 나를 존중하는 마음이야.

책을 읽고, 생각을 키우고, 나만의 목소리를 높일 때 우리는 진짜 주인공이 될 수 있어. 누가 뭐라 해도, 나는 내 인생의 무대에서 가장 빛나는 존재니까.

한번은 누가 나에게 묻더군.

"우주의 시작이 언제인 것 같아?"

답은 간단해. 내가 태어난 순간 우주는 시작되고, 내가 죽는 순간 우주도 끝나는 거야.

"나는 내 인생의 주인공이야!"

명언 & 각오

"사공이 많으면 배가 산으로 간다."
▷ 속담인데, '여러 사람이 제각기 주장하면 방향을 잃기에 자기 주관
을 가져야 한다'는 교훈이 담겨 있어.

* * * * *
** ** ** ** **

◈ 더 나은 나를 위한 **긍정 선언**

- 나는 지금 ____ 때문에
  뜻을 펼치지 못하고 있다.

- 앞으로 내가 ____

  ____ 라는 생각으로

  주체적인 삶을 살겠다.

나는 나를 믿어

나는 할 수 있다는 걸 알아

자신을 믿고 어떤 일을 했을 때 초인간적인 힘을 발휘해 본 경험이 있어? 내가 국민학교(지금의 초등학교)에 다닐 때 일이야. 요즘은 없어진 사생 대회가 열려 인근의 사찰로 갔어. 한 사람이 그림 하나씩 그려서 제출해야만 하는 날이었지.

모처럼 친구들과 밖에 나온 나는 그만 신나게 웃고 떠들고 노느라 정신이 팔려 아직 그림을 완성하지 못한 거야. 친구들은 벌써 제출을 끝내고 놀고 있었는데 말이지. 그림 제출 시간이 되어 갈 무렵에, 나는 허둥지둥 그림을 그리기 시작했지. 친구들은 내게 말했어.

"정욱이는 그림 못 내겠다. 딴짓하더니 어쩜 좋냐?"

그 말을 들었을 때 솔직히 흔들릴 뻔했지만, 그래도 나는 나를 믿고 있었어. 왜냐고? 어릴 때부터 만화 따라 그리기를 좋아했고 누구보다 그림을 잘 그렸거든. 손도 빨랐고. 그래서 마음속으로

이렇게 말했지. '걱정하지 마. 나는 나를 믿어. 얼마나 많이 그려 본 솜씨인데.'

제출 마감 5분을 남겨 두고 나는 노란 크레용을 집어 들었어. 스케치를 하고 색을 칠하는 속도는 거의 비현실에 가까울 정도로 빨랐지. 여백 없이 빠르게, 진하게, 누구보다 치밀하게 색을 칠했어. 시간이 부족했지만 괜찮았어. 색칠하는 손이 눈에 보이지 않을 정도였지. 나를 믿는 믿음이 집중력과 몰입감을 주었어. 마침내 마감 직전에 마지막으로 그림을 그려 제출했어. 손은 부들부들 떨렸지만 해내고 만 거야. 나는 나를 믿었으니까.

더 놀라운 것은, 그 그림으로 상까지 받았다는 사실이야. 내가 나를 믿은 결과는 이렇게 놀랍기도 해.

이렇게 나를 믿는 경험을 고3 때 또 한 번 했어. 대입 시험일이 다가와 초조했어. 한 달만 더 시간이 있으면 완벽하게 공부할 수 있을 것만 같았어. 그때 먼저 대학에 간 선배가 말했어.

"시간이 얼마 남지 않았을 때 인간에게 초능력이 나오니까 자신을 믿어."

그 말이 긴가민가했는데 정말 일주일간 엄청난 능력이 발휘되었어. 모두 나를 믿었던 결과야.

자기 신뢰는 뇌와 마음을 훈련시키는 고도의 기술

나를 지키는 것도, 나를 믿는 것도 연습이 필요해. 내 자신은 내 인생에서 가장 오래 함께할 친구이자, 끝까지 책임져야 할 주인공이니까.

우리 뇌는 반복해서 생각하는 것을 '중요하다'고 인식해. 예를 들어, '나는 못 해.'라고 자주 생각하면, 우리 뇌가 위협으로 받아들여 불안 반응을 키우고 실제로 행동을 위축시켜. 반대로 '나는 나를 믿어, 나는 할 수 있어.'라고 자꾸 생각하면, 사고·판단·자기 조절 정신 작용을 담당하는 뇌의 전두엽이 불안 신호를 조절하고 실행력을 돕지.

"나를 믿는다"는 건 단순히 주문을 외우는 게 아니라, 생각을 반복해 신경 회로를 강화하고, 전두엽으로 불안을 조절하며, 어린 시절의 크고 작은 성공 경험을 뇌에 저장해 자기 효능감을 키우는 과정이야. 자기 신뢰는 세뇌가 아니라, 뇌와 마음이 훈련을 통해 만들어 가는 기술에 가까워.

공자는 "군자는 자기에게서 구한다."고 했어. 진짜 믿음은 남이 아니라, 나 자신을 향한 신뢰에서 시작되지. 빅토르 프랑클(오스트리아, 심리학자, 1905~1997)은 지옥 같은 아우슈비츠에서도 삶의 의미를 찾았다고 해. 이렇게 절박한 상황 속에서도 절망을 이겨 내는 힘은 외부 조건이 아니라, 나를 향한 믿음에서 나온 거야. 세계적인 K팝 그룹 멤버들도 "나는 괜찮다, 나는 나를 믿는다."라고 말하며 마음을 다져 나갔대. 그 믿음이 오늘의 그들을 만든 거지.

완벽하진 않아도, 나 자신은 계속 성장할 수 있는 존재야. 그래서 나는 나이에 상관없이, 환경에 상관없이, 오늘도 나를 믿는 연습을 해.

"나는 나를 믿어."

명언 & 각오

"할 수 있다고 믿는 사람은 이미 반은 이긴 것이다."

– 시어도어 루스벨트(미국, 대통령, 1858~1919)

▷ 자기 확신은 시작의 가장 강력한 원동력이야. "나는 나를 믿어."라는 말을 하는 순간 이미 승리의 절반을 차지한 셈이지.

* * * * *
** ** ** ** **

◈ 더 나은 나를 위한 **긍정 선언**

• 나는 지금 ＿＿＿＿＿＿＿＿＿＿＿＿＿＿＿＿＿ 때문에 나를 믿지 못했다.

• 나를 믿는 건 ＿＿＿＿＿＿＿＿＿＿＿＿＿＿＿

＿＿＿＿＿＿＿＿＿＿＿＿＿ 의 의미라는 걸 알았다. 앞으로 나는 나를 믿겠다.

나는 흔들려도
무너지지 않아

수학여행을 못 갔어

다 같이 떠나야 할 여행에서 나만 빠진다면? 여행을 앞두고 한껏 들뜬 친구들을 바라보며 혼자 남는다면? 누구나 그때 처음으로 세상이 너무나 불공평하다고 느낄 거야.

중학교 2학년 때 우리 학교는 충청남도 부여로 수학여행을 갔어. 학급이 10개라 버스가 20대나 동원되었지. 친구들은 모두 신나서 버스에 올라탔어. 장애를 가진 나만 학교에 남겨졌어. 여행을 갈 수 없는 아주 가난한 집 아이 몇 명, 그리고 장애 학생인 나만 수학여행을 가지 못해 빈 교실에 모인 거지.

그때 나는 정말 충격을 받았어.

'이래서야 장애인으로 학교를 다니며 이 세상에서 함께 살아갈 수 있을까?'

존재에 대한 의문이 밀려왔지. 눈물이 왈칵 쏟아졌어. 집으로 돌아오는 길에 하늘이 무너지는 것 같았거든. 하지만 나는 곧 마음을 바꿔 먹었어.

'그렇다고 수학여행 동안 사흘을 이렇게 울며 보낼 수는 없어.'

나는 평소 하던 대로 책을 읽고 공부를 했어. 오히려 여유를 가지며 못 읽던 책을 더 많이 읽었지. 미니 방학이라고 생각하기로 했거든. 부모님이 상처받을까 봐 내색도 하지 않으며 중얼거렸어.

"흔들려도 무너지지 않아."

그 경험은 나에게 큰 자산이 되었지. 그 뒤로도 살면서 장애로 인해 차별과 편견에 자주 상처 입었지만, 그것들이 나를 무너뜨리지는 못했어. 아니, 나를 더 단단하게 만들어 줬어.

흔들리는 것과 무너지는 것은 큰 차이가 있지. 무너지면 다시 일어서는 데 오랜 시간과 힘이 필요해. 세찬 바람에 나뭇가지가 흔들려도 뿌리가 뽑히고 무너지지 않아야 하는 이유와 같지. 무너지는 것은 생존 그 자체가 위협을 받으니까. 그래서 나는 지금도 나에게 속삭여. "나는 흔들려도 무너지지는 않아."라고.

나를 지켜 주는 건 시련 속에서도 일어설 수 있다는 믿음

우리는 살다 보면 누구나 마음이 흔들릴 때가 있어. 시험을 잘 치르지 못하거나, 친구와 다투거나, 내가 원하지 않는 상황이 닥칠 때 말이야. 이때 흔히 "흔들리지 않아야 해."라고 생각하기도 해. 하지만 세상에 전혀 흔들리지 않는 사람은 없어. 나만 잘될 거라는 마음은 오히려 자신을 더 힘들게 만들어. 세상에 완벽한 건 없으니까.

중요한 건 흔들려도 무너지지 않는 힘이야. 잠시 불안해도, 순간적으로 자신감을 잃어도 괜찮아. 그 감정을 받아들이고 다시 중심을 잡으면 돼. 심리학에서는 이런 태도를 '회복 탄력성'이라고 불러. 한 번도 쓰러지지 않는 완벽한 나보다, 쓰러져도 다시 일어서는 내가 더 강한 거야.

결국 나를 지켜 주는 건 완벽함이 아니라, 다시 일어날 수 있다는 믿음인 거지.

하늘은 큰 사람에게 큰 시련을 먼저 주는 법이야. 맹자(중국, 유학자, 기원전 372~289)도 "뜻을 괴롭게 하고, 뼈와 근육을 수고롭게 하며, 배고프게 한다."고 했지. 왜냐하면 사람은 흔들릴 때 더 깊이 뿌리를 내리니까. 고난을 이겨 내지 못하면 그냥 쓰러지고 말아. 시련은 무너지라는 게 아니라, 단단해지라는 신호야.

흔들리는 나무가 뿌리를 깊이 내리듯, 우리 삶도 그렇게 성장해. 나무도, 인간도 쓰러지지 않기 위해 흔들리는 연습을 계속하는 거야.

조선 후기의 실학자 정약용(문신, 1762~1836)도 그랬어. 18년 유배라는 긴 고난 속에서도 그는 무너지지 않았지. 오히려 그 시간 동안에 수많은 책을 쓰고 18명의 제자를 길러 냈어. 자신을 지켜 낸 단단한 그 힘 때문에 지금까지도 가장 위대한 실학자로 남아 있는 거야.

"나는 흔들려도 무너지지 않아!"

 나를 나답게 해 주는 긍정 확언 4

명언 & 각오

"일곱 번 넘어져도 여덟 번 일어난다."

▷ 중국, 일본, 한국 등 아시아 문화권에서 통용되는 옛말이야. '몇 번
을 실패해도 다시 일어난다'는 불굴의 의지를 나타내는 사자성어,
칠전팔기(七顚八起)야.

* * * * *
** ** ** ** **

◈ 더 나은 나를 위한 **긍정 선언**

- 나를 흔들리게 하는 것은 ＿＿＿＿＿＿＿＿＿＿＿

＿＿＿＿＿＿＿＿＿ 이다.

- 하지만 나는 ＿＿＿＿＿＿＿＿＿＿＿＿＿＿＿＿＿
때문에 굴하지 않겠다.

- 나는 ＿＿＿＿＿＿＿＿＿＿＿＿＿＿＿＿＿＿＿＿＿

＿＿＿＿＿＿＿＿＿＿＿＿ 한 사람이니까.

나는 정말 괜찮은 사람이야

생일 선물이 준 고민

초등학교 시절 내 친구 병택이를 나는 아직까지도 기억해. 나처럼 장애가 있었지만, 그 아이네 집은 부자였어. 신촌에서 자동차 공업사를 해서 건물도 있고 땅도 넓었지.

녀석의 생일이 다가왔어. 생일에 뭘 선물로 줄까 고민했어. 아무리 좋은 걸 사다 줘도 없는 게 없는 병택이에게는 아무 의미가 없어 보였어. 선물이라고 줘 봐야 보잘것없을 게 뻔하니까. 그래서 그때 처음으로 생각했어.

'왜 우리 집은 부자기 아닐까?'

어린 나이에 이 세상에는 부자가 있으면 가난한 사람도 있다는 걸 알게 된 거야. 하지만 주변을 둘러보니 우리 집도 그렇게 어렵지는 않았어. 당시에 도시락을 못 싸 오는 아이들도 있었는데, 그 정도는 아니었거든. 셋방살이도 아니었고, 동네에 몇 대 없는 TV도 있었고 말이야. 우리 집보다 형편이 안 좋은 친구들은 우리를 부러워했어.

그때 마음을 고쳐먹었지. 이 정도면 나도 괜찮은 사람이라고. 비록 장애를 가지고 있지만, 내게는 부모님이 계시고, 학교를 다닐 수 있고, 책을 읽을 수 있고, 공부도 못하지 않고, 선생님들에게 사랑받고, 친구들과 어울릴 수 있으니 정말 괜찮은 사람이라고. 그 뒤로는 자주 이렇게 생각했어.

"나는 정말 괜찮은 사람이야."

그 후로는 남과 나를 비교하지 않기로 했어. 나에게 집중하기로 한 거야.

그리고 병택이에게는 지우개와 연필을 선물했어. 그 친구는 정말 기뻐하며 받았지. 그때 알았어. 병택이도 정말 괜찮은 녀석이란 걸.

자존감 방패 & 마음 안정 약

"나는 정말 괜찮은 사람이야."란 말은 자신이 완벽하다는 뜻이 아니라, 부족한 나 자신을 받아들이겠다는 용기야. 이 말은 단순한 위로의 문장이 아니야. 이 말은 우리 뇌와 마음이 모두 필요로 하는 '인정 욕구'를 채워 주는 말이야.

심리학적으로 사람은 누구나 인정받고 싶어 해. 왜냐하면 인정은 곧 '내가 가치 있는 존재'라는 증거가 되어 주고, 마음의 안전망을 만들어 주기 때문이야. "나는 괜찮은 사람이야."라는 말을 자신에게 들려주는 일은 다른 사람에게 받지 못한 인정을 스스로 채워 넣는 일이야.

뇌과학적으로도 이 말은 효과가 있어. 스스로에게 긍정적인 말을 건네면 뇌의 보상 회로가 활성화되고 도파민*이 분비돼. 그래서 더 도전할 힘이 생기지. 또 옥시토신이라는 '안정 호르몬'도 분비되어, 마치 누군가에게 따뜻한 칭찬을 들었을 때처럼 마음이 편안해져.

반대로 "나는 부족해."라는 생각만 계속하면, 뇌는 그것을 위협

---

*도파민은 뇌에서 생성되는 신경 전달 물질이자 호르몬으로, 쾌락 · 보상 · 동기 부여 · 운동 조절 등 다양한 기능을 담당한다.

으로 받아들여 불안을 키워. 그러니까 "나는 정말 괜찮은 사람이다."라는 말은 심리학적으로는 자존감을 지켜 주는 방패이고, 뇌과학적으로는 마음을 안정시키는 묘약인 셈이야.

몽테뉴(프랑스, 철학자, 1533~1592)는 자신의 게으름이나 우유부단함까지 솔직하게 자신의 책에 썼어. 그러고는 "나는 나를 안다. 그리고 그것으로 충분하다."고 말했지. 그는 위대한 사람이 아니라, 있는 그대로의 자신을 이해한 사람이었어. 가끔은 나도 실수하고 의욕이 없지만, 그게 바로 나다운 모습일 수 있어.

미국 최고의 방송인 오프라 윈프리(1954~)도 자존감을 지키며 인생을 바꾼 사람이야. 어릴 적 가난과 깊은 상처 속에서도 매일 "나는 소중한 사람이다."라고 되뇌었다고 해. 그 믿음이 그녀를 전 세계를 움직이는 목소리로 만들었지. 내가 나를 믿는 순간, 세상도 나를 믿기 시작할 거야.

"나는 정말 괜찮은 사람이야."

명언 & 각오

"사람은 누구나 자신만의 별빛을 갖고 있다."

– 생텍쥐페리(프랑스, 문학가, 1900~1944),《어린 왕자》

▷ 빛나는 별은 고귀한 거야. 누구나 자신의 고귀함을 알고 있어야 해.

*　*　*　*　*
**　**　**　**　**

◆ 더 나은 나를 위한 긍정 선언

• 그동안 나는 나를 보잘것없게 생각했어.

　실제로 나는 아래와 같이 괜찮은 면이 세 가지 있어.

　1. ______________________________

　2. ______________________________

　3. ______________________________

　앞으로 나의 괜찮은 면만 보며 살 거야.

나는 지금도
성장하는 중이야

나는 지금도 매일 레벨 업 중

"성장은 청소년의 전유물?"

그렇게 생각할지도 몰라. 하지만 레벨 업은 게임 속에서만 있는 게 아니야. 현실에서도 사람은 죽을 때까지 계속 경험치를 쌓아.

내 나이 60대 중반이지만, 나는 지금도 매일 레벨 업 중이야. 사람들이 400권 가까이 책을 쓴 내게 가끔 이런 말을 해.

"작가님, 책을 너무 많이 쓰셨어요. 이제 그만 쓰셔도 되는 거 아니에요?"

그럴 때마다 나는 웃으며 대답해.

"무슨 말씀이세요? 저는 아직 성장하는 중입니다."

내가 성장을 말하면 좀 우습지. 여유롭게 쉬면서 노후를 즐겨야 할 나이라고 말하는 사람도 있어.

나는 아직 동화, 청소년 소설, 성인 소설… 거의 모든 분야의 책을 다양하게 쓰고 있어. 내게는 여전히 써야 할 이야기가 수백 가

지나 남아 있어. 대학교 시절부터 써 놓은 아이디어 수첩만 백 개가 넘어. 그리고 일 년에 200번 넘게 전국의 학교와 기업에 강연을 다니고 있어. 피곤할 때도 있지만 독자들과 아이들을 만날 때면 깊은 보람을 느끼기에 아직까지도 활동하고 있어.

그렇기에 나에게는 삶의 목적도 있어. 죽는 날까지 500권의 책을 내는 거야. 지금까지 400권 가까이 책을 냈으니, 점점 목표 지점이 가까워지고 있는 중이야.

피카소(스페인, 예술가, 1881~1973)는 그림만 그린 게 아니야. 도자기도 10만 점 이상 만들었어. 피카소의 위대함은 한 분야에서만 열심히 해서 나온 결과가 아니야. 다양한 것에 도전하고 자신을 계속 성장시키려고 스스로 노력해서지.

그래서 나는 생각해. 사람은 죽을 때까지 성장해야 한다고. 나는 매일 성장하고 있어. 어려울 것 같지만, 이건 누구나 할 수 있어. 지금부터 주저앉지 말고 성장하면 돼. 내년의 나는 오늘보다 더 클 테니까. 나는 지금도 성장하는 중이야.

완성형이 아닌, 현재 진행형의 내 가치

심리학적으로 보면 "나는 성장하는 중이야."란 말은 완벽해야 한다는 부담에서 벗어나게 해 주는 말이야. 시험을 망치거나 친구와 다투면 우리는 종종 '나는 부족해.'라고 생각하잖아. 그런데 "나는 성장하는 중이야."라고 말하면, 우리 뇌와 마음은 실수도 성장 과정의 일부라고 받아들일 수 있어. 그래서 자신을 비난하기보다는 다시 해 볼 용기를 갖게 돼.

즉, "나는 성장하는 중이야."라는 말은, 아직 완벽하지 않아도 괜찮다고 인정하면서도 내가 더 나아질 수 있다는 희망을 붙잡게 해 줘. 그래서 현실적으로 믿을 수 있고, 꾸준히 되뇌일수록 삶의 태도까지 바꿔 주는 힘을 가진 말이야.

네덜란드 화가 빈센트 반 고흐(1853~1890)는 생전에 그림을 단한 점밖에 필지 못했대. 사람들은 그의 그림이 이상하다고 했지만, 그는 포기하지 않았어.

"내가 못 그리는 게 아니라, 아직 나를 다 그리지 못했을 뿐이야."

그의 말처럼 그는 해바라기, 별이 흐르는 밤하늘, 황금 들판을 끝없이 그려 냈지. 지금은 모두가 그를 천재 화가라 부르지만, 그 당시엔 아무도 그를 인정하지 않았어.

고흐의 이야기가 알려 주는 메시지는 단 하나야. 나는 아직 완성되지 않았지만, 꾸준히 성장하는 중이라는 것. 손흥민 선수도 세계적인 축구 선수지만, 여전히 늘 경기를 돌아보고 부족함을 찾으며 더 나아가려 하지. 그의 위대함 못지않게 그의 겸손함이 더 화제가 되곤 해.

“나는 아직 배울 게 많아요. 계속 발전하고 싶어요.”

그의 말처럼, 너도, 나도, 천천히 포기하지 않고 성장하는 거야.

“나는 지금도 성장하는 중이야!”

명언 & 각오

"하루씩 나아지는 깃이 멀리 기는 유일한 방법이다."

　　　　　　　　　　　　　　　　- 윈스턴 처칠(영국, 정치가, 1874~1965)

▷ 위대한 업적은 단번에 이룰 수 없어. 매일 성장하면서 매일 지치지 않고 노력해야 해.

* * * * *
** ** ** ** **

◆ 더 나은 나를 위한 **긍정 선언**

• 내가 매일 성장하지 못하는 이유는 ______________________

_____________________________ 때문이다.

• 이 이유를 제거하고 나는 나의 목표 ______________________

_____________________________ 을 위해 성장할 것이다.

나는 멋진
사람이 될 거야

내 것을 나누면 멋있다

사람들은 종종 "저 사람 참 멋있다."라는 말을 해. 그런데 멋지다는 게 뭘까? 잘생기거나 옷을 잘 입는 걸까? 아니면 남들이 부러워할 만한 성취를 한 걸까? 나는 조금 다르게 생각해. 진짜 멋짐은 다른 사람과 나누고, 함께 빛나는 순간에 드러난다고 믿어.

나는 주변과 뭔가 나누길 좋아해. 그건 물건일 수도, 이익일 수도, 기회일 수도 있어. 동화 《가방 들어 주는 아이들》이 뮤지컬로 공연될 때도 그랬어. 원작은 내 작품이었지만, 감독과 작가가 함께 새로운 아이디어를 내며 작품을 고치고 싶다고 했어. 그리고 제목도 살짝 바꾼다는 거야. 그런데 그렇게 되면 원작의 색깔이 흐려지고 새로운 이야기가 중심이 될 수 있었어. 원작자 입장에서 보통 망설이거나 거절할 수 있는 제안이야.

하지만 그 순간 나는 생각했어. '멋지다는 건 뭘까?'

그러고는 쿨하게 말했지.

"좋아요. 그렇게 합시다. 그리고 감독님과 작가님에게 저작권의 일부를 나누어 드릴게요."

그 말에 두 사람은 크게 감동하며 고마워했어.

사람들은 언제 남을 멋지다고 할까?

나는 이렇게 생각해. 상대방을 기쁘게 해 주는 사람이 진짜 멋진 사람이라고. 그리고 자존감을 지키면서도 남에게 피해를 주지 않고 당당하게 살아가는 사람, 결단력 있는 사람, 문제 해결 능력이 있는 사람, 자기 주도적인 사람, 모험적인 사람, 개방적인 사람…. 그런 사람이 멋진 사람이지. 진짜 멋짐은 남에게 힘을 보태 주면서도 스스로를 잃지 않는 데서 나오거든.

그래서 나는 지금도 다짐해.

'나는 멋진 사람이 될 거야.'

다짐이 세상을 바꿔

멋짐은 단순히 멋져 보이는 모습이 아니라, 좋은 사람이 되겠다는 다짐을 행동으로 옮기는 거야. 멋짐은 타고나는 게 아니라, 스스로 선택하고 이어 가는 다짐 속에서 자라지.

슈바이처 박사는 의사이자 음악가, 신학자였지만, 아프리카의 작은 마을에서 평생 병든 사람들을 돌보며 살았어. 많은 것을 가졌던 그는 오히려 가진 것을 나누는 길을 선택했지. 그의 삶이 말해 주는 건 이런 게 아닐까.

"나는 좋은 사람이 될 거야."

이 말은 거창한 영웅의 다짐이 아니라, 누군가의 아픔을 외면하지 않겠다는 작은 용기야. 멋짐은 이 작은 용기에서 시작돼. 친구의 슬픔에 귀 기울이고, 힘든 이에게 손을 내미는 게 바로 멋진 삶이야. 나도 오늘 하루 누군가에게 따뜻한 사람이 되기를 꿈꿔.

넬슨 만델라(남아프리카 공화국, 대통령, 1918~2013)도 그랬어. 27년이나 감옥에 갇혀 있었지만, 복수가 아니라 화해와 용서를 택했지.

"나는 더 나은 인간이 되기 위해 내 안의 증오를 내려놓았다."

그의 각오는 멋진 다짐이 되었고, 결국 그는 남아공 최초의 흑인 대통령이 되었어. 세상의 존경을 받는 지도자 반열에 오른 거지. 다짐을 한다는 건, 이미 다짐의 내용을 반 이상 실행한 거나 다름없는 의지이자 자기 선언이야.

나는 믿어. 멋진 사람이 되겠다는 다짐은 곧 좋은 세상을 만드는 씨앗이라고. 그 다짐이 쌓이면, 오늘을 바꾸고 내일을 바꾸며 결국 세상을 바꾼다고.

"나는 멋진 사람이 될 거야!"

  나를 나답게 해 주는 긍정 확언 7

명언 & 각오

"나는 내가 될 수 있는 가장 좋은 사람이 되기로 결심했다."

– 에이브러햄 링컨(미국, 대통령, 1809~1865)

▷ 자신을 믿고 노력하면 누구나 멋진 사람으로 성장할 수 있다는 믿음을 심어 주는 말이야.

*　*　*　*　*
**　**　**　**　**

◆ 더 나은 나를 위한 **긍정 선언**

• 나는 멋진 사람이 되어서 ＿＿＿＿＿＿＿＿＿＿＿＿＿＿＿

＿＿＿＿＿＿＿＿＿＿＿＿＿＿＿을 할 것이다.

• 그러기 위해 ＿＿＿＿＿＿＿＿＿＿＿＿＿＿＿＿＿＿

＿＿＿＿＿＿＿＿＿＿＿＿＿＿＿＿＿ 노력을 하겠다.

나는 내가 원하는 것을
스스로 알 수 있어

실천의 엔진은 원하는 것

"네가 정말 원하는 게 뭐야?"

청소년 시기에 이 질문을 받으면 쉽게 대답하기 어렵지. 공부 잘하고 싶다는 말, 좋은 대학에 가고 싶다는 말은 누구나 하기 쉽지. 하지만 그게 정말 내가 원하는 것인지, 아니면 부모님이나 선생님, 친구들의 기대를 따라 하는 말인지 헷갈릴 때가 많지. 그래서 많은 아이들이 속으로 생각해.

'나도 내가 뭘 원하는지 잘 모르겠는데….'

책을 쓰고 강의를 하다 보면 많은 사람들을 만나게 돼. 내게 멘토링을 요청하는 사람들도 많아. 그럴 때 나는 기꺼이 응하지. 도움을 요청하는 데 돕지 않을 수는 없으니까.

대화를 나누다 보면 대부분의 사람들이 이렇게 말해.

"선생님, 제가 뭘 해야 할까요?"

그럴 때 나는 되묻지.

“당신이 원하는 건 뭡니까?”

“그, 글쎄요?”

정작 그 질문에 대답을 못 하는 사람들이 많아. 오히려 나에게 자기가 뭘 원하면 되겠냐고 되묻기도 해. 가만히 생각해 보면 그건 그들이 원하는 게 없어서가 아니야. 원하는 걸 말하기 창피하거나 혹은 자기도 잘 모르고 있기 때문이지.

원하는 것을 알고, 그것을 말할 수 있어야 행동할 수 있어. 그게 꿈이든 좋아하는 것이든 할 일이든, 내가 원하는 것을 분명하게 알아야 해. 그 이유는 실천하기 위해서야.

실천에는 목표가 있어야 해. 그래야 더욱 강하게 실천할 수 있기 때문이야. 언제든 원하는 것이 무엇인지 스스로에게 말해 봐.

“나는 내가 원하는 것을 알 수 있어.”

그 말을 자주 반복하다 보면, 자신이 원하는 게 더 구체화되고, 목표가 점점 가까워질 거야.

자기 신뢰의 힘

자기 신뢰는 내가 나를 믿는 힘이야. 세상은 늘 다른 기준으로 너를 평가하지. 성적, 외모, 집안 형편…. 그 기준만 따라가다 보면 네 진짜 모습은 사라지고 껍데기만 남아. 그래서 더더욱 내 안의 목소리를 듣는 연습이 필요해.

왜 자기 신뢰가 중요할까? 자기 신뢰가 없으면 늘 눈치만 보고, 남이 정해 준 길만 따라가게 돼. 하지만 자기 신뢰가 있으면 실패해도 다시 일어설 수 있고, 하고 싶은 일에 도전할 용기도 생겨. 물론 포기하지도 않지.

세계적인 사업가 일론 머스크(미국, 1971~)를 봐. 처음에는 "저건 무모하다."라는 말을 수도 없이 들었어. 그런데 그는 자기 확신으로 불가능을 가능으로 만들었지. 로켓, 전기차, 심지어 화성 이주 계획까지. 남들이 뭐라고 하든 "나는 할 수 있어."라는 자기 신뢰가 있었기에 여기까지 온 거야.

자기 신뢰는 그냥 생기지 않아. 훈련이 필요해.

첫째, 오늘 내가 세운 작은 약속을 꼭 지킨다. 그게 쌓이면 "나는 해낼 수 있어."라는 믿음이 자라지.

둘째, 실패를 두려워하지 말기. 넘어져도 다시 일어나는 게 진짜 힘이야.

셋째, 스스로에게 "나는 뭘 원하지?" 자꾸 물어. 대답이 또렷해

질수록 자기 신뢰도 강해져.

인공 지능 개발자 샘 올트먼(미국, 1985)도 자기 신뢰가 강한 사람이야. 다들 안정된 길을 택할 때, 그는 자기 확신을 믿고 모험을 선택했어. 결국 OpenAI를 세우고, 인류가 인공 지능 시대로 들어설 수 있는 길을 열었지. 그러니 잊지 마. 자기 신뢰는 꿈을 향한 엔진이야.

"나는 내가 원하는 것을 알 수 있다."

이 말을 자꾸 되뇌어 봐. 너를 믿는 힘이 강해질수록, 네 꿈은 점점 더 가까워질 거야.

"나는 내가 원하는 것을 스스로 알 수 있어!"

명언 & 각오

"당신의 마음속에서 울리는 목소리를 따르라. 그 목소리는 늘 옳다."

- 마하트마 간디(인도, 민족 운동 지도자, 1869~1948)

▷ 내면의 소리에 귀 기울이면, 진짜 원하는 것이 무엇인지 분명히 알 수 있다는 믿음을 주는 말이야.

*   *   *   *   *
** ** ** ** **

◈ 더 나은 나를 위한 **긍정 선언**

• 내가 원하는 것은

1. ______________________________

2. ______________________________

3. ______________________________

나는 그걸 진정으로 원해서 반드시 ________________

________________ 하게 해낸다.

나는 지금
행복해지기로 해

미래의 행복은 멀리 있고, 지금의 행복은 곁에 있어

대학교에서 가르친 H라는 제자는 파이어족이야. '파이어'족은 영어로 FIRE(Financial Independence, Retire Early)라는 뜻이야. 젊을 때는 소비를 줄이고 철저히 절약해서 경제적으로 자립한 뒤, 나중에 일찍 은퇴해서 마음껏 즐기겠다는 사람들이지. H는 10년 동안 논술 강사로 일하며 악착같이 돈을 모았어. 그래서 집도 사고 월세 나오는 상가도 사서 수입이 일정하게 나오도록 했대. 지금은 그 수익으로 캐나다에서 즐거운 삶을 살고 있어.

대개의 파이어족은 보통 30~40대에 일을 그만두고, 자신이 모은 돈으로 자유롭게 살겠다는 목표를 가지고 있어. 그래서 젊을 때 소비를 줄이고, 절약과 저축, 투자를 아주 철저하게 해. 외식, 여행 같은 걸 아예 안 하거나 아주 적게 하면서 최대한 돈을 아껴 쓰지. 월급의 절반 이상을 저축하거나 투자하는 사람도 많아. 이런 극한의 생활이 힘들지만, 나중에 자유를 얻기 위해 참고 견디는 거야. 한마디로 언젠가 다가올 미래에 행복해지겠다는 거야.

행복의 기준이 사람마다 다르지만, 나는 이렇게 생각을 해.

'행복이 꼭 나중에만 오는 걸까?'

행복이 뭘까? 행복은 지금 이 순간, 내가 느끼는 작은 만족에서 시작해. 언젠가 행복하겠다고 지금의 행복마저 외면하지는 마.

'작지만 확실한 행복', 일명 '소확행'이라고 하지. 예를 들어, 아침에 따뜻한 빵을 꺼내 먹을 때, 좋아하는 음악을 들을 때, 친구랑 길을 걸으며 웃을 때 느끼는 그런 순간이야. 크고 대단한 성취가 아니어도, 작지만 지금 내 마음을 확실하게 기쁘게 하는 경험.

파이어족은 '큰 행복'을 위해 오늘의 즐거움을 포기하는 반면, 소확행족은 지금의 '작은 행복'을 선택하지. 작은 행복들을 일상에서 찾아 누려 봐. 행복은 멀리 있지 않아.

힘들 때는 이 말을 외쳐 봐.

"나는 지금 행복해지기로 해."

행복은 언제 꽃피나?

많은 사람들은 행복이 큰일을 이뤘을 때 온다고 믿어. 행복은

  나를 나답게 해 주는 긍정 확언 9

반드시 멋진 여행이나, 시험 성적을 잘 받거나, 좋은 학교에 진학할 때 오는 게 아니야. 행복은 대단한 성공 같은 거창한 것에서만 오는 게 아니라, 지금 이 순간의 따뜻한 마음에서 시작돼. 우리 인생을 견디게 하는 건 실제로 작은 행복들 덕분이거든. 산에 오를 때 우리는 큰 바위 때문에 넘어지지 않아. 작은 돌멩이에 걸려 넘어지지. 행복도 마찬가지야. 그래서 결심해야 해. 지금 행복해지기로.

《어린 왕자》는 말하지.

"가장 중요한 것은 눈에 보이지 않아."

어린 왕자는 자기 별 B612에서 장미와 함께한 평범한 시간이 진짜 행복이었다는 걸 깨달았어. 그 장면을 보며 우리는 생각하지. 혹시 지금 내 곁에 있는 소중한 행복을 놓치고 있는 건 아닐까?

작가 조앤 K. 롤링(영국, 1965~)도 그랬어. 실직과 이혼, 가난 속에서도 매일 "나는 지금 행복할 수 있어."라고 자신에게 말했대. 그 믿음으로 카페에서 아이를 돌보며 글을 써서 결국《해리 포터》를 세상에 내놓았어. 그리고 지금은 영국의 100대 부자 가운데 한 사람이 되었지.

지금 이 순간 행복해지기로 결심한 사람은 이미 행복한 사람과 다름없어.

내게는 아침에 눈 뜨면 서재로 가서 어제 쓰던 글을 계속 쓰는 게 가장 큰 행복이야. 세상에 내 목소리로 이야기를 들려주는 거지. 글 쓰는 게 크게 돈을 벌거나 대단한 일은 아니지만 나에겐 가장 큰일이고, 취미이며, 특기야. 가장 즐거운 일을 매일 하는 나는 작은 행복을 아는 사람이야.

"나는 지금 행복해지기로 해."

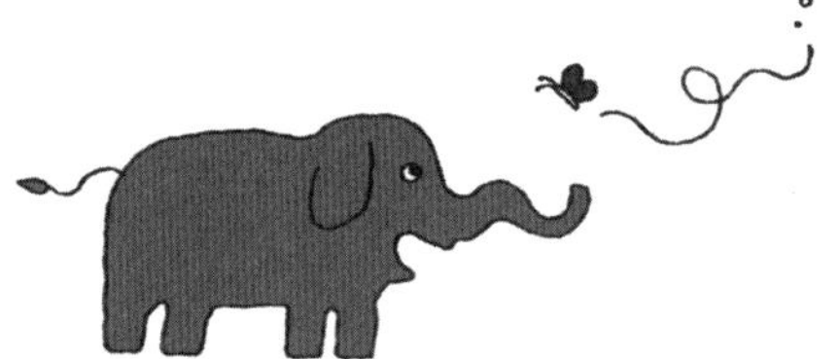

"삶은 오늘을 사는 것이다. 내일은 환상이고, 어제는 그림자일 뿐이다."

– 칼 샌드버그(미국, 작가, 1878~1967)

▷ 우리가 붙잡을 수 있는 건 오직 '오늘'이라는 사실을 일깨워 주는 말이야.

*　*　*　*　*
**　**　**　**　**

◆ 더 나은 나를 위한 **긍정 선언**

• 내가 가장 행복할 때는 ___________________________ 이다.

• 오늘 당장 나는 ___________________________

___________________________ 해서 행복해지겠다.

나는 나만의
길을 간다

누구에게나 자신의 길이 있어

사람은 보통 친구들의 영향을 받아. 나도 그랬어. 그래서 친구들이 하는 건 자신도 해 보고 싶고, 자꾸 친구들을 따라가고 싶어지기도 해. 하지만 모두가 같은 길을 걸어야 하는 건 아니야. 그 길이 꼭 내 길은 아닐 수도 있으니까.

내가 나온 학교들은 대개 우수한 학생들이 많았던 곳이야. 서로 경쟁도 하고 격려도 하며 열심히 학교생활을 했어. 그 결과 함께 공부했던 친구들 중 상당수가 성공해서 각자 멋지게 살고 있어. 좋은 회사에 취직해서 사장이 된 친구도 있고, 국회 의원이 되기도 했어. 자기 분야에서 크게 인정받은 사람도 많아.

그런 친구들을 만나면 나는 가끔 농담 삼아 말하지.

"내가 장애만 없었어도 너희들보다 더 잘나갔을 거야."

그러면 친구들은 "넌 이미 훌륭해. 그런 말 하지 마."라고 내게 말해 주지.

맞아, 내가 한 말은 농담일 뿐이야. 나는 내 인생을 열심히 살아왔으니까. 그리고 알게 되었어. 장애만 특별한 게 아니라는 것을. 누구에게나 각자의 길이 따로 있다는 것.

나에겐 나만의 길이 있어. 누구의 길과도 같지 않아. 그렇게 나만의 길을 걸어왔고, 그 길에서 노력해 작가가 되었어. 독자들의 사랑도 듬뿍 받고, 강연도 많이 다녀.

하지만 가끔 가지 않은 길을 생각해 보기도 해. 애초에 나는 의사나 엔지니어가 되고 싶었어. 하지만 대학에서 장애를 가진 나를 받아 주지 않았지. 그래서 국문과에 들어와 작가가 된 거야. 작가가 되고 나서도 교수가 되고 싶었지만 같은 이유로 이루지 못했어. 소설가가 되었지만, 어린이들을 위한 동화를 쓰기 시작했지. 그리고 강연도 하게 되었어.

그래서 나는 말할 수 있어. 다른 길을 간다고 해서 외로운 게 아니라고. 중요한 건 포기하지 않는 거라고. 너도 너만의 길을 가면 돼. 그 길 끝에는 반드시 너만의 보람과 영광이 기다리고 있으니까.

길을 가려면 용기가 필요해

우리는 대개 주위의 눈치를 보며 성장해. 부모님의 기대, 친구들의 시선, 성적과 스펙, 이 모든 게 나를 옭아매지. 그런 기대에 맞춰 남들이 정해 준 길을 따르는 게 도리어 쉬워 보여. 안전해 보이고, 덜 힘들어 보이지. 하지만 그게 정말 내 길일까?

알렉산더 대왕이 존경한 가난한 철학자 디오게네스는 버려진 통 안에서 살았어. 거지보다 못한 생활이었지만 그의 자유로움에 세상 모두를 가진 대왕이 그를 부러워했지.

셰익스피어의 명작 《햄릿》의 주인공 햄릿은 다른 사람들과 달랐어. 모두가 외면하거나 피하려 했던 진실을 마주하는 길을 택했어. 의문사한 아버지의 죽음을 덮고 편히 살 수도 있었지만, 그는 고뇌하며 "왜?"라는 질문을 붙잡았고, 끝까지 자신의 방식으로 진실을 파헤쳤어. "사느냐 죽느냐 그것이 문제로다."는 말은 그 고뇌의 깊이를 담고 있어.

햄릿의 결말은 비극이었어. 그러나 우리가 기억할 건 결말이 아니야. 바로 그의 태도야. 남들이 외면한 질문을 붙잡고, 어떻게든 답을 찾으려 했다는 것. 자기만의 길을 간다는 건 이런 거야. 남들과 달라도 괜찮다는 믿음. 어떤 환경과 상황이 막아도, 주변의 눈치와 외부의 시선이 두려워도 끝내 "나는 어떤 삶을 살고 싶은가?"라는 질문을 놓지 않는 것.

그 길은 쉽지 않아. 외롭고 힘들 때도 많지. 하지만 그 길 끝에서만 나는 "나답게 살았다."라고 말할 수 있어. 그러니 기억해. 자기 길을 가는 건 거창한 영웅의 일이 아니야. 오늘의 작은 선택에서 시작되는 용기야.

"나는 나만의 길을 간다."

명언 & 각오

"나는 내가 선택한 길 위에서만 비로소 진짜 나로 존재할 수 있다."

- 파울로 코엘료(브라질, 작가, 1947~)

▷ 남들이 가는 길이 아니라, 내가 스스로 선택한 길에서 진정한 자아를 발견할 수 있다는 뜻이야.

*　*　*　*　*
**　**　**　**　**

◆ 더 나은 나를 위한 **긍정 선언**

• 나의 길은 ______________________________ 이라고 생각한다.

• 그 길을 나는 ______________________________ 하게 가겠다.

• 그러기 위해

　1. ______________________________

　2. ______________________________

　3. ______________________________

이 세 가지를 준비해야 한다.

긍정 확언으로 삶을 단단하게 만든 사람들

헬렌 켈러 (Helen Adams Keller, 미국, 1880~1968)

평화 운동가, 여성 참정권론자, 언어학자

헬렌 켈러는 생후 19개월 만에 시각과 청각을 모두 잃었어. 세상과의 소통이 완전히 끊긴 어둠 속에 갇힌 아이였지. 사람들은 교육이 불가능하다고 단정했어. 하지만 개인 교사인 설리번 선생의 손바닥 위 철자 하나하나가 그녀의 세상을 열었어. 그녀는 수어를 배우고, 말하는 법까지 익혔어. 결국 오늘날 하버드대학교의 자매 학교인 래드클리프 대학을 졸업한 첫 번째 시청각 중복장애인이 되었어. 33개국을 여행하며 강연했고, 14권의 책을 썼지. 그녀는 "눈이 보이지 않는 것보다, 꿈이 없는 것이 더 불행하다." 고 말했어.

그녀의 긍정 확언은 언제나 이것이었어.

"행복의 문 하나가 닫히면 또 다른 문이 열린다."

이 긍정 확언은 그녀에게 어둠을 깨는 빛이 되었어.

넬슨 만델라 (Nelson Rolihlahla Mandela, 남아프리카 공화국, 1918~2013)

남아프리카 공화국의 제8대 대통령

넬슨 만델라는 27년 동안 교도소에서 지냈어. 남아프리카 공화국에서 흑인이라는 이유만으로 교육, 거주, 투표, 일할 자유가 박탈되었지. 지독한 인종 차별 정책 '아파르트헤이트'는 사람을 피부색으로 나누는 법이었어. 하지만 이에 저항한 그는 교도소 안에서도 흔들리지 않았지.

"나는 자유를 위해 태어났다. 그 이상을 위해서라면 목숨도 걸겠다."

그는 매일 자신에게 확언했어. 자신의 신념을 의심하지 않았고, 자신을 억압하는 이들에게조차 분노하지 않았어.

출소 후 나라를 갈등에서 화합으로 이끌었고, 그 공로로 1993년 노벨 평화상을 받았어. 그리고 1994년 남아공 최초의 흑인 대통령이 되었어.

긍정 확언은 증오 속에서도 사람을 지켜 주는 방패가 돼. 그가 남긴 메시지 가운데 하나는 바로 이거야.

"가장 강한 사람은 용서할 수 있는 사람이다."

스티븐 호킹 [Stephen William Hawking. 영국, 1942~2018]

이론 물리학자

스티븐 호킹은 21살에 루게릭병 진단을 받았어. 의사는 2년밖에 살지 못할 거라고 했지. 몸은 점점 마비되었고, 결국 휠체어에 의지하게 되었어. 하지만 그의 생각은 누구보다 자유로웠어. 그는 스스로에게 이렇게 말했어.

"몸은 갇혀 있어도, 나의 생각은 자유롭다."

그는 오랜 시간 머릿속으로 계산하고 상상하며 연구를 이어 갔어. 말을 할 수 없게 된 뒤에도, 컴퓨터 보조 장치를 이용해 세계와 소통했지. 그의 대표 저서 《시간의 역사》는 세계 40개 이상의 언어로 번역되었어. 그는 우주의 기원을 설명했고, 블랙홀 이론을 세웠으며, 과학을 대중에게 전했지. 몸은 멈췄지만, 그의 정신은 우주 끝까지 날아간 거야. 그는 이렇게 말했어.

"인간의 가장 큰 힘은 생각하는 능력이다."

긍정 확언은 절망을 넘어 그를 창조로 나아가게 한 거야.

시대와 나라, 문화는 다르지만 세 사람 모두 매일매일 도전하고 전진하며 살았지. 그들은 모두 긍정 확언으로 자신을 붙잡았어. 긍정 확언은 마법이 아니라, 반복된 신념이야. 그리고 그 말들이 자신과 세상을 바꿨어. 너도 할 수 있어. 너만의 긍정 확언으로 너의 멋진 길을 만들어 봐.

짠-!

어제의 **기분**으로
오늘을 **망치고** 싶지 않은
너에게

강물에 물건을 떨어뜨린 사람이 있었어. 다음 날 그 장소에 가서 그 물건을 건지려 했지. 하지만 그 물건은 이미 바다로 떠내려가고 남아 있을 리 없었지. 이처럼 어제는 이미 지나간 '과거'야. 오늘은 그 자리에 새로운 강물이 흐르고 있을 뿐이야.

긍정 확언 1

나는 절대
포기하지 않아

포기하지 않을 자신 있어?

혹시 이런 경험 있지 않아? 어떤 일을 하다가 너무 힘들어서 "에이, 그냥 포기할래." 하고 내려놓은 경험 말이야. 그런데 막상 포기하고 나면 마음 한쪽이 편해지면서도, 동시에 "내가 왜 끝까지 안 해 봤을까?" 하고 아쉬움이 남은 적 말이야.

포기는 우리에게 아주 익숙해. 시험공부하다가, 운동하다가, 친구 관계에서조차 쉽게 찾아오는 게 포기야. 그런데 이게 또 쉽지 않아. 왜냐하면 포기한다는 건 내가 붙잡고 있던 꿈이나 노력을 스스로 놓아 버린다는 뜻이니까.

2024년 가을, 나는 섭섭한(?) 사건을 겪었어. 그건 바로 한강 작가가 노벨 문학상을 받은 일이었지. 온 국민이 기뻐했어. 나도 큰 축하를 보냈어. 하지만 속으로는 씁쓸했어. 사실, 노벨 문학상은 나의 목표이기도 했거든. 물론 상을 받으려고 글을 쓰는 건 아니지만, 나는 강연을 다니는 동안 늘 이렇게 말해 왔어.

"노벨 문학상 받는 게 제 꿈입니다."

그 이유는 단 하나야. 강연을 듣는 어린이와 청소년들이 나를 통해 '구체적이고 선명한 목표'를 가졌으면 좋겠다는 마음이었지. 그렇게 말하다 보니, 나도 모르게 머릿속에 '노벨 문학상'이 자리 잡게 됐어.

그런데 놀라운 일이 벌어졌어. 일주일 정도 뒤에 스웨덴에서 이메일이 온 거야. 내가 아동 문학의 노벨상인 아스트리드 린드그렌상*의 후보로 선정된 거였어.

내 작업이 검증되고 인정받겠다는 목표, 그 목표를 포기하지 않은 내 마음이 여기까지 나를 끌고 온 것 같아. 수상은 못 했지만, 작품이 아닌 작가로 사는 삶을 인정해 주는 상의 후보에 오른 것만으로도 나는 충분히 감사해.

원하는 것이 있다면, 생각한 것이 있다면, 나는 죽는 날까지 포기하지 않을 거야. 그래서 오늘도 나는 외쳐.

"나는 절대 포기하지 않아."

---

*아스트리드 린드그렌 기념상(Astrid Lindgren Memorial Award)은 스웨덴 정부가 작고한 아동 문학 작가 아스트리드 린드그렌을 기리기 위해 2002년 창설, 세계 아동 문학 발전에 기여한 작가에게 수여하는 국제 아동 문학상이다.

끝까지 버티는 게 비결

음악은 실수를 숨기기 어려워. 들으면 누구나 바로 알거든. 하지만 루트비히 판 베토벤(독일, 작곡가, 1770~1827)은 청력을 잃고도 작곡을 멈추지 않았어. 그는 들리지 않는 소리를 마음으로 듣고, 악보 위에 삶을 새겼지. 얼마나 고통스러웠겠어. "이렇게까지 해야 하나?"라는 의문조차 사치였을 거야.

그의 음악은 천재의 전설이 아니라, 끝까지 버틴 의지의 기록이야. 그는 여러 번의 연애를 했지만 신분의 벽으로 결혼도 하지 못했지. 게다가 말썽꾸러기 조카의 방탕한 생활로 고통을 많이 받았어. 하지만 그는 죽을 때까지 음악만은 포기하지 않았어. 우리는 그의 선율 속에서 쓰러지지 않고 다시 일어선 그의 의지와 열정을 배워야 해.

작가 헬렌 켈러도 그랬어. 시각과 청각을 잃었지만, 배움을 향한 의지를 포기하지 않았지. 손끝으로 언어를 익히고, 결국 대학을 우등으로 졸업했어. 그 믿음은 그녀를 교육자이자 운동가로 성장시켰으며, 수많은 사람들을 희망으로 이끄는 원동력이 되었어.

'버틴다'는 게 꼭 위대한 인물들의 전설 속 이야기만은 아니야. 청소년기의 버팀은 아주 작고 사소한 순간 속에서도 가능해. 수학 문제집이 너무 어려워도 하루 한 문제씩이라도 붙잡고 씨름하는 것, 운동장에서 체력이 바닥나도 끝까지 달려보는 것, 친구 관계가 꼬였을 때 그냥 끊어 버리지 않고 진심을 전하려 애쓰는 것, 눈에 띄는 성과가 없어도 꾸준히 그림을 그리고 글을 쓰며 나만의 꿈을 향해 길을 걸어가는 것…. 이 모든 게 끝까지 버티는 힘이야.

끝까지 버틴다는 건 단순히 참고 견디는 게 아니야. "나는 이 길을 걸어가겠다."라는 마음을 끝까지 지켜 내는 거지. 그 마음이 차곡차곡 쌓여 언젠가 네 삶을 크게 성장시키는 자양분이 될 거야.

"나는 절대 포기하지 않아!"

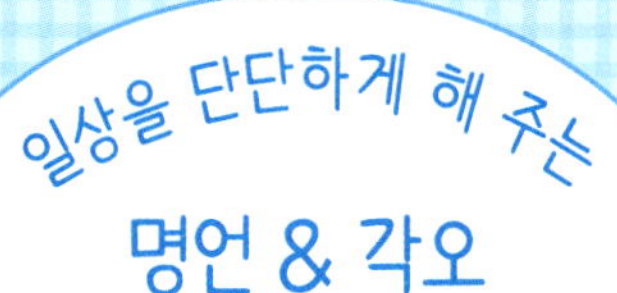

"많이 넘어져 봤기 때문에 이 자리에 올 수 있었어요."

- 안세영(한국, 배드민턴 챔피언, 2002~)

▷ 넘어지는 건 실패가 아니라 성장을 위한 과정이라는 뜻이야.

* * * * *
** ** ** ** **

◈ 더 나은 나를 위한 **긍정 선언**

• 나에게는 포기하고 싶은 것이

1. _______________________________________

2. _______________________________________

3. _______________________________________

세 가지가 있어.

• 하지만 이제 그 문제에 _______________________

_______________________ 해 보겠어.

내 노력은 배신하지 않아

노력은 지속 가능한 과정이다

대학교 때 국문과 선배들은 글쓰기에 회의적이었어. "국문과는 굶는 과다. 글을 써 봐야 가난하게 산다."라는 말을 들을 때마다 나는 마음이 답답했지. 왜 좋은 글을 쓰는데 가난해야 하냐는 의문이 내 안에서 끊임없이 솟아올랐어.

그래서 나는 다짐했어. 글쓰기를 직장인처럼 하자. '회사 다니는 친구들'을 롤 모델로 정했어. '아침에 눈을 뜨면 책상 앞에 앉고, 저녁이 되어서야 자리에서 일어나자. 회사원이 하루 종일 일하는 것처럼, 나도 하루 종일 글을 쓰자. 글쓰기에 게으름이 끼어들 틈이 없도록, 직장인처럼 꾸준히 하자.'고 마음먹었어.

성과가 없을 때도 많았어. 출간된 책이 외면받기도 하고, 심지어 원고료를 못 받기도 했지. 하지만 나는 포기하지 않았어. 그럴 때마다 스스로에게 말했어.

"노력은 절대 배신하지 않는다."

그리고 그 믿음대로 살았어. 남들이 알아봐 주지도 않는 작은 원고를 쓰면서도, 잡지 한 귀퉁이에 실릴 글에도 최선을 다했어. 남들이 대단하다고 말해 주는 성취가 아니더라도, 나는 매일 글을 썼고, 그 글들이 쌓여 지금의 나를 만들었어.

돌아보면 내 글쓰기 인생 35년은 화려한 성공담이 아니야. 하지만 끝까지 포기하지 않고, 하루하루를 글로 채운 노력 덕분에 나는 여전히 글을 쓰는 사람으로 살고 있어. 바로 그게 노력이 나를 배신하지 않았다는 증거야.

요즘은 또 다른 강력한 롤 모델이 생겼어. 바로 주부야. 아침에 눈 뜨면 잠들 때까지 쉴 새 없이 회사 일 못지않게 가정을 돌보는 모습에서 나는 '진짜 노력'을 봤어. 그런 주부의 노력 덕에 가정이 행복하게 굴러가지.

지금도 나는 늘 이렇게 다짐해.

"눈을 뜨면 잠들 때까지 글을 쓰자."

언젠가 이루리라

사람들은 세상이 바뀌지 않는다며 쉽게 포기해. 헛된 노력을 할 필요가 없다고 말하지. "뱁새가 황새를 따라가면 다리가 찢어진다", "송충이는 솔잎을 먹어야 한다"는 속담처럼, 노력해도 안 되는 일이 있다고 쉽게 단정하기도 해.

맞아, 어떤 길은 정말로 내 길이 아닐 수도 있어. 목표나 방향이 틀리면 원하는 결과에 닿지 못할 수도 있지. 하지만 그렇다고 그 노력이 헛된 건 절대 아니야. 다른 길을 찾게 해 주는 힘이 되고, 나를 단단하게 만들어 주기 때문이야.

고사성어 '우공이산(愚公移山)'에 나오는 중국의 우공은 집 앞에 있는 산을 옮기려 삽을 들었어. 남들은 비웃었지만 그는 멈추지 않았고, 결국 신이 감동해 산을 치워 주었지. 이 고사는 말하고 있어. 노력은 지금 당장 결실을 맺지 않아도, 언젠가 반드시 누군가를 움직이고 결국 길을 열어 준다는 걸.

미국의 사업가이자 에어비앤비 공동 창업자 브라이언 체스키(미국, 1981~)도 마찬가지야. 돈도 없고, 수백 번 서설낭했지만, 그는 포기하지 않았어. '집을 빌려주는 게 아니라, 사람을 연결한다'는 믿음으로 버텼지. 결국 에어비앤비는 오늘날 세상을 바꾸는 플랫폼이 되었어.

노력은 거창한 성공만을 말하지 않아. 실패 속에서 배우는 것

도, 방향을 바꾸는 용기를 얻는 것도 모두 노력의 결실이야. 노력
은 절대로 너를 배신하지 않아. 단지, 네가 원하는 모습이 아니라,
네가 성장하는 모습으로 보답할 뿐이야.

그러니 기억해. 오늘의 노력이 언젠가는 반드시 너를 더 나은
자리로 데려다줄 거라는 걸.

"내 노력은 배신하지 않아!"

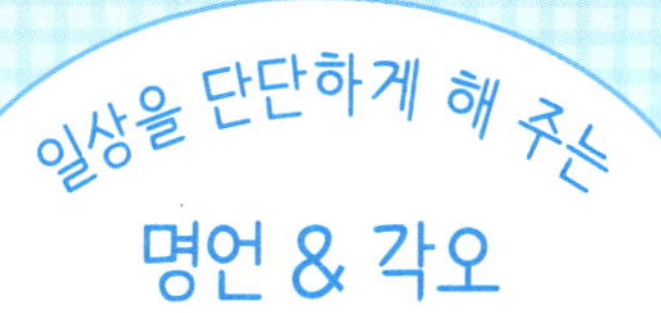

명언 & 각오

"나는 재능이 아니라 노력으로 여기까지 왔다."

- 김연아(한국, 피겨 스케이팅 선수, 1990~)

▷ 피나는 연습과 끈기가 뭐든 이룰 수 있게 한다는 거야.

*　*　*　*　*
**　**　**　**　**

◈ 더 나은 나를 위한 긍정 선언

• 내가 노력해야 할 분야는

1. _______________________________

2. _______________________________

3. _______________________________

• 그것을 이루어 나는 _______________________________

_______________________ 이 될 것이다.

긍정 확언 3

일단 시작해 보자

시작은 누구나 미약해

무엇이든 시작은 쉽지 않아. 운동을 하겠다고 결심해도 막상 운동화 끈을 매는 게 제일 어렵지. 공부를 해야지, 마음먹고도 책상 앞에 앉는 데까지 한참 걸리지. 글쓰기를 하고 싶으면서도, 첫 줄을 쓰기 전까지 괜히 휴대폰을 들여다보게 돼.

시작이 힘든 건 당연해. 낯설고 두렵고 귀찮기까지 하니까.

"내가 잘할 수 있을까?"

"처음부터 완벽해야 시작할 수 있는 건 아닐까?"

이런 불안이 발목을 잡는 거야.

어른으로 사는 삶에도 여전히 '시작'은 어려워.

나는 책을 많이 쓰기도 하지만, 온라인 글쓰기 교실에서 제자도 양성하고 있어. 작가가 되고 싶거나, 책을 내고 싶거나, 블로그에 글을 잘 쓰고 싶은 사람들이 개인적으로 가르침을 받지.

온라인 글쓰기 교실의 SNS 홍보를 보고 여기저기서 글을 배우겠다고 연락이 와. 그런데 대부분 글은 쓰고 싶으나 글쓰기에 소질이 없어서 시작을 못 하겠다는 거야.

“저는 글쓰기 공부 좀 더 하고 등록할게요.”

그럴 때 나는 이렇게 말하지.

“일단 시작해 보시죠.”

그런데 사람들은 글을 쓰려면 뭔가를 많이 준비해야만 하는 줄 알아. 등산을 시작하겠다고 히말라야 갈 정도의 장비부터 사는 격이야.

사람이 살다 보면, 준비를 갖추고 해내는 일은 별로 없어. 얼떨결에, 혹은 등 떠밀려서 뭔가를 시작하게 되지. 부족한 건 하면서 갖추는 거야. 그렇다 보니 두렵고, 잘할 수 있을까 겁도 날 거야. 하지만 그럴 때 우리를 도전하게 만드는 말이 있어.

“일단 시작해 보자.”

돌아보면 내 글쓰기 인생도 그랬어. 나도 글쓰기를 처음 시작할 때 일단 볼펜으로 원고지에 무작정 끄적거리기 시작했거든. “시작은 미약하나 끝은 창대하다.”는 성경 구절이 내게 큰 도움이 되었지. 미약한 시작이 쌓여 지금의 내가 된 건 분명한 사실이야.

그래서 나는 오늘도 마음속으로 다짐해.

“결과는 나중 문제다. 지금은 시작이 먼저다.”

알부터 깨고 보자

사람은 누구나 자기만의 알 속에 갇혀 있어. 그 안은 따뜻하고 안전하지. 상처받을 일도 없고, 실패할 위험도 없어. 하지만 거기선 아무 일도 일어나지 않아. 알 속에서는 꿈이 자라지 못해.

독일 작가 헤르만 헤세(1877~1962)는 자신의 작품 《데미안》에서 말했어.

“새는 알을 깨고 나와야 한다.”

나는 그 말을 이렇게 바꾸고 싶어.

“일단 깨고 나와 봐. 멋진 세상이 널 기다리고 있으니까.”

〈배달의민족〉 창업자 김봉진 대표(한국, 1976~)도 그랬어. 사업에 실패하고 돈도 없었지만, 그는 멈추지 않고 일단 시작했어. 직접 전단지를 모으고 하나하나 내용을 입력하며 발로 뛰었지. 사람들은 비웃었지만, 그는 알을 깨고 나온 거야. 그 결과 〈배달의민족〉은 세계가 주목하는 배달 서비스 회사가 되었지.

네가 깨야 할 알은 어떤 알이야?

"잘할 수 있을까?" 하고 걱정하다가 시작도 못 하는 주저함의 알? "내일부터 하지 뭐." 하며 미루는 귀찮음의 알? "혹시 실패하면 어쩌지?" 하는 두려움의 알?

시작의 기술은 거창한 게 아니야. 작은 다짐 하나, '작심삼일'이라도 괜찮아. 중요한 건 그 '작심'을 세우는 용기야. 삼 일 동안 한 걸음이라도 움직이면, 그게 곧 시작이고, 또 다른 작심을 이어 갈 힘이 돼.

지구는 행동하는 별이야. 낮과 밤, 계절과 계절이 쉬지 않고 돌고 움직이니까. 인생도 마찬가지야. 결국 행동한 만큼, 시작한 만큼 결과가 남지. 짝사랑을 아무리 오래 해도 마음속에만 두면 변화가 없지만, 고백 한마디가 세상을 바꿀 수도 있어.

알 속은 편안해 보여도, 그건 성장이 멈춘 자리야. 그러니 완벽한 기술을 다 갖추지 않아도 돼. 중요한 건 작은 용기, 작은 시작이야.

"일단 시작해 보자."

천리지행 시어족하(千里之行 始於足下)

- 노자

▷ 아무리 멀고 큰 길도 작은 첫걸음에서 시작된다는 말이야.

*　*　*　*　*
**　**　**　**　**

◈ 더 나은 나를 위한 **긍정 선언**

• 나는 지금 ___________________________________

___________을 하려고 해.

• 실패해도 괜찮다. 중요한 건 _____________________

___________________________이니까.

실패할수록
성공이 가까워

실패를 쌓아서 성공에 오르자

실패란 뭘까? 도전을 멈추라는 뜻일까? 시험 점수가 기대보다 낮게 나올 때, 친구들 앞에서 발표하다가 말이 꼬일 때, 오디션이나 대회에서 떨어질 때…. 이런 순간이 모두 커다란 '실패'처럼 느껴질 거야. 그래서 실패 자체보다 실수와 창피함을 더 두려워하게 되곤 하지.

"내가 잘못하면 사람들이 날 어떻게 볼까?" 이런 마음 때문에 도전조차 못 하는 경우가 많아. 실패는 도전을 멈추라는 뜻이 아니야. 다시 시도하라는 신호일 뿐이야. 에디슨도 전구를 만들기까지 수많은 실패를 거듭했어.

얼마 전, 나는 뇌성 마비 장애인 빌 포터(1932~2013)의 영상을 봤어. 그는 영업 사원으로 집집마다 찾아가 세제 제품을 팔았지. 하지만 다 거절당했어. 아무도 그런 물건을 안 산다는 거야. 게다가 말도 어눌한 장애인 영업 사원이라니. 하지만 빌 포터는 포기하지 않았어.

"어느 집에선가 내 물건을 사 줄 거야. 그러려면 그 집까지 서둘러 가야 해. 거절을 다 받으면 마침내 그 집에 도착해."

이런 마음으로 거절을 견뎌 냈어.

그 모습을 보고 나는 감동을 받았어. 계속 도전한다면, 언젠가 성공이 다가온다는 믿음이 내게 생긴 거야. 실패는 성공으로 가는 과정이야. 그 길목에서 포기하면, 성공은 절대 오지 않지.

나는 지금까지 400여 권에 달하는 책을 냈지만, 독자들에게 사랑받은 건 100권이 채 안 돼. 나머지 책들은 성공에 이르지 못했다는 뜻이지. 하지만 그 실패들이 있었기에 나는 여전히 글을 쓰고 있어. 실패하면 할수록 나는 크게 외쳐.

"실패할수록 성공이 가까워."

실패와 친구 되기

실패를 하면 끝이라고 생각하기 쉽지. 하지만 그건 끝이 아니라, 다시 시작하라는 신호야.

소크라테스는 "나는 내가 아무것도 모른다는 것을 안다."고 했어. 실패는 진짜 배움이 시작되는 순간이라는 뜻이지.

괴테(독일, 작가, 1749~1832)도 수많은 실패 끝에 《젊은 베르테르의 슬픔》을 썼어. 실패의 고통이 그를 더 깊게 만들었고 위대한 작품을 낳은 거야.

니체(독일, 철학자, 1844~1900)도 말했지. "고통을 이겨 낸 자만이 초인이 될 수 있다."고.

실패는 우리를 조금씩 더 강하게, 더 크게 자라게 하는 길인 거야. 스티브 잡스(미국, 기업가, 1955~2011)도 자기가 만든 회사 애플에서 쫓겨났지만, 거기서 멈추지 않았어. 픽사와 넥스트란 회사를 세우며 다시 일어섰고, 결국 아이폰을 세상에 내놨지. 조앤 K. 롤링도 원고를 12번 거절당했지만 끝내 포기하지 않았어. 마침내 《해리 포터》가 세상에 나올 수 있었어.

실패는 그들을 무너뜨린 게 아니라, 더 멀리 도약하게 했어.

그런데 실패에 익숙해지고 친해지는 게 가능한 일일까?

어른도 실패하면 쓰러지지. 십 대는 더 아프고 더 두렵지. 그래서 첫째, 실패를 기록하는 거야. 어떤 상황이었는지 써 내려가는 거지. 실패가 막연한 두려움에서 배움의 교과서로 바뀔 거야.

둘째, 실패를 나누는 거야. 친구, 선생님, 부모님 등과 나누면 "나만 실패한 게 아니구나."라는 걸 알게 돼. 그때 힘이 생겨.

셋째, 작은 성공을 찾아. 책상 정리나 이불 정리 같은 일을 스스로 해낸 성취, 성공한 작은 경험들을 만들어 봐.

넷째, 실패의 의미를 새기는 거야. 그러면 "이 실패 덕분에 내가 더 단단해진다."는 걸 알게 돼.

실패 앞에서 길은 두 개뿐이야. 주저앉는 길과 딛고 일어서는 길. 너는 어떤 길을 택할 거야? 실패를 원망하며 멈출래? 아니면 실패를 밟고 더 멀리 갈래? 선택은 너의 몫이야. 그러니 크게 외쳐.

"실패는 끝이 아니다. 실패는 다시 시작하라는 신호다!"
"실패할수록 성공이 가까워!"

명언 & 각오

"성공은 최종적인 것이 아니고, 실패는 치명적인 것이 아니다. 중요한 것은 계속해 나아가는 용기이다."

- 윈스턴 처칠

▷ 실패와 성공 모두 일시적일 뿐, 멈추지 않고 지속하는 자세가 본질이라는 뜻이야.

   * * * * *
  ** ** ** ** **

◈ 더 나은 나를 위한 긍정 선언

• 나의 실패는 ______________________________

______________________________는 것이다.

• 하지만 나는 다시 ______________________________

______________________해 볼 거야.

긍정 확언 5

오늘의 내가
내일을 만들어

언젠가 다가올 내일

너희한테 '내일'이라는 말은 어떤 느낌일까? 아마 '곧 올 미래'라는 말처럼 추상적으로 들릴 거야. 내일이 10년 뒤, 20년 뒤라고 하면 너무 멀리 있어서 실감이 안 나지. 너희에게 내일은 내년이나 다음 달, 아니면 이번 주 시험이 아닐까? 그런데 그 가까운 내일도 오늘의 선택이 만들어 가는 거야.

나는 운영하는 글쓰기 교실에서 많은 사람을 그중에는 작가가 된 사람도 있고, 책을 낸 사람도 있지. 그중 한 명은 대기업의 부장까지 지낸 분이야. 그분은 월셋집에서 살았는데, 나는 특별한 사정이 있었을까 궁금했어. 우연한 기회에 그분이 개인사를 들려주었지.

"젊을 땐 내일을 별로 생각하지 않았습니다. 그냥 하루하루 즐기며 살았어요."

순간 나는 놀랐어. 예상하지 못한 답이었거든. 게다가 하루하루

즐겁게 사는 게 나쁜 건 아니야.

하지만 사람은 영원히 젊지 않고, 영원히 건강하지 않아. 영원히 돈을 잘 버는 것도 아니지. 언젠가는 힘이 떨어지고, 돈을 잘 벌지 못하는 노년의 시간이 누구에게나 반드시 찾아와.

그분은 지난날을 후회했어.

"그때 재테크도 하고, 노후 준비도 했어야 했는데….'

그분의 이야기를 들으면서 타산지석으로 삼아야겠다는 생각을 했어. 그건 십 대에게도 필요한 이야기야. 지금 당장은 공부 안 하고 게임하는 게 더 즐겁지만, 내일은 부끄러운 성적표를 받아들고 후회할 수도 있어. 오늘은 그냥 편히 쉬는 게 좋을지 몰라도, 내일은 남들이 쉴 때 자신만 일해야 할지도 몰라. 그래서 나는 매일 스스로 되뇌어.

"오늘의 내가 내일을 만든다."

지금 노력하기

세종 대왕(조선, 1397~1450)은 학문을 사랑했고, 백성을 아꼈던 임금이었어. 나라를 다스리면서도 날마다 학자들과 토론하며 백

성들을 위한 길을 찾았지. 한글은 어느 날 번뜩 떠오른 아이디어로 만들어진 게 아니야. 오랜 학습과 매일의 노력이 쌓여 나온 결실이었어.

세종은 백성이 글을 읽고 쓸 수 있는 세상을 꿈꾸며 오늘을 내일로 바꿨지. 그 결과 과학적이고 배우기 쉬운 글자, 한글이 태어난 거야.

세종의 삶은 우리에게 말하고 있어.

"오늘의 내가 내일을 만든다."

스티브 잡스도 그랬어. 대학을 중퇴했지만 자신의 하루를 허투루 쓰지 않았어. 글씨체 수업을 들었고, 디자인을 공부했고, 전자 기기를 만들며 시행착오를 겪었어. 그때의 작은 경험들이 훗날 아이폰 속에 고스란히 녹아들었지.

그의 성취는 우리에게 보여 줘. 작은 하루들이 모여 세계를 바꿀 수도 있다는 걸.

내일은 그냥 기다린다고 오지 않아. 오늘 내가 만드는 거야. 하루하루를 어떻게 보낼지는 결국 그 누구도 아닌 내가 정하는 거야. 그러려면 목표와 목적이 필요해.

방향을 잃은 배가 어디로 가야 할지 모르는 것처럼, 목표 없는 하루는 흩어지고 사라져. 하지만 분명한 목적이 있으면, 그 하루는 힘이 되고 길이 돼. 세종의 한글, 잡스의 아이폰은 모두 거대한 목표에서 비롯된 게 아니었어. 작은 하루의 선택, 꾸준한 노력이 모여서 만들어 낸 기적이었지.

그러니 스스로에게 이렇게 말해 보자.

"오늘의 내가 내일을 만들어!"

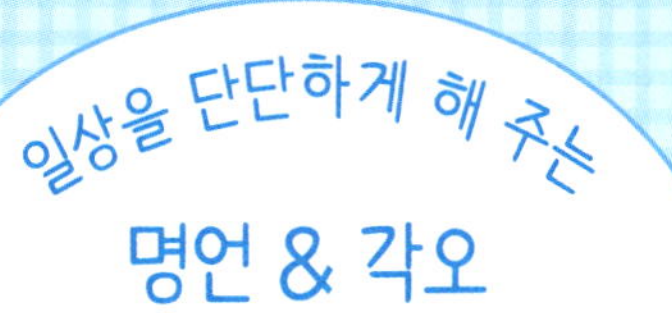

"미래는 오늘 준비하는 자의 것이다."

– 맬컴 엑스(미국, 흑인 인권 운동 활동가, 1925~1965)

▷ 미리 다가올 미래를 생각하며 대비하면 당황하지 않고 지혜롭게 대처할 수 있다는 의미야.

* * * * *
** ** ** ** **

◈ 더 나은 나를 위한 **긍정 선언**

• 오늘 할 일은 ＿＿＿＿＿＿＿＿＿＿＿＿＿＿＿＿＿＿

＿＿＿＿＿＿＿＿＿＿ 하는 것이다.

• 내일은 또 다른 ＿＿＿＿＿＿＿＿＿＿＿＿＿＿＿＿

＿＿＿＿＿＿＿＿＿＿ 있기 때문이야.

나는 도전하는
사람이야

일단 해 보는 거야

청소년에게 도전은 뭘까? 실패 가능성이 큰 과업이지. 운동, 공부, 취미, 특기…. 실패를 겪지 않으려면 도전 자체를 피해야 할 거야. 하지만 실패를 두려워하면 아무것도 이룰 수 없어.

도전은 '일단 해 본다'는 용기에서 시작돼. 넘어지면 어때? 다시 일어나면 되잖아. 우리는 어린 시절에 걸음마를 배울 때 이미 수없이 많이 넘어져 본 인생들이야. 일단 해 보는 그 한 번의 시도가 너희 인생을 전혀 다른 길로 열어 줄지도 몰라.

오래전 일이야. 동료 시인 한 사람이 부처님의 진신사리 하나를 인도에서 힘들게 빌려 와 전시회를 열었어. 기념품도 만들어 팔았지. 부처님의 손가락뼈를 본뜬 작은 플라스틱 기념품이었어.

하지만 기대와 달리 전시회엔 관람객이 많지 않았어. 투자한 돈은 눈덩이처럼 불어나고, 실패의 그림자가 짙게 드리워졌지. 나는 우연히 전시회에 갔다가 그의 얼굴에서 깊은 근심을 보았어.

그 순간 가만히 있을 수 없었지.

"신문사 기자들에게 알려 봅시다. 내가 독자 편지를 써서 기사로 만들어 보겠습니다."

사실 두려움이 없진 않았어. 하지만 나는 진심으로 전시회가 훌륭하다고 생각했고, 많은 사람들이 이 전시에 관심을 가져야 한다고 믿었지. 그래서 간절한 마음으로 글을 쓴 거야.

정말로 며칠 뒤 신문에 내 글이 실렸어. 부처님의 사리가 왔는데 왜 이렇게 불교계가 무관심한가 하는 글이었어.

그때부터 변화가 시작됐지. 불교계가 전시회에 관심을 가지기 시작했어. 많은 사찰에서 신도들이 몰려들었고, 기념품도 많이 팔렸지. 나는 도전했고, 그 도전은 마침내 결과를 만들었어.

두려움 속에서도 움직여야 결과가 생기는 법이야. 가만히 서 있으면 아무 일도 일어나지 않지만, 작은 한 걸음은 세상을 바꿀 수도 있다는 걸 다시 한번 깨달았지.

그래서 나는 항상 외쳐.

"나는 도전하는 사람이야."

도전이 주는 행복

도전은 용감한 사람만 하는 게 아니야. 스포츠 챔피언이나 영웅들만 하는 것도 아니지. 두려운 마음을 안고도 한 걸음 내딛는 사람이 진짜 도전자야. 처음엔 누구나 도전 앞에서 떨리고 망설여. 하지만 망설임 속에서 '한번 해 보자'는 마음이 피어날 때, 결과는 조금씩 달라지기 시작하지.

심리학에서도 '도전'은 특별한 의미를 갖고 있어. 낯선 일을 시도할 때 뇌는 위험 신호와 함께 보상 회로를 동시에 켜. '위험할 수 있다'는 두려움과 '성취할 수 있다'는 희망이 맞부딪히는 순간이지. 작은 도전을 성공하면 도파민이 분비돼 성취감을 느끼고, 그 경험이 다시 다음 도전을 향한 연료가 돼. 그래서 도전은 뇌의 '성장 스위치'를 켜는 행동이라고 할 수 있어.

그렇다면 도전을 잘하려면 어떤 근력이 필요할까?

첫째, 실행 근력. 머뭇거리지 말고 일단 해 보는 힘.

둘째, 회복 근력. 실패해도 다시 일어나는 힘.

셋째, 꾸준함 근력. 작은 시도를 매일 이어 가는 힘.

이 세 가지 근력이 모이면 두려움 속에서도 한 걸음 내디딜 수 있어. 근육이 운동으로 길러지듯, 도전 근력도 반복으로 길러져.

도전은 거창한 것에서 시작할 필요가 없어. 용기 내서 낯선 음식을 먹어 보는 것, 발표 시간에 손 들고 질문해 보는 것, 친구에게 먼저 다가가 인사하는 것도 작은 도전이지. 그 작은 도전에서 맛본 성취와 기쁨이 모여, 더 큰 도전을 향한 용기를 키워 줘.

프랑스 화가 모리스 드 블라맹크(1876~1958)는 말했어.

"나에게 물감은 자유였고, 붓은 선언이었다."

그에게 그림은 단순한 예술이 아니라 도전의 선언이었지.

내 삶도 그래. 작은 도전, 큰 도전을 성공시키면서 내 삶은 전진해 왔어. 성공보다 실패가 더 많을 때도 있었지. 그럼에도 불구하고 다시 해 보는 것, 그것이 진짜 도전이고 용기야.

오늘, 너는 어떤 작은 도전들을 해 볼래?

"나는 도전하는 사람이야!"

　　　　일상을 단단하게 해 주는 긍정 확언 6

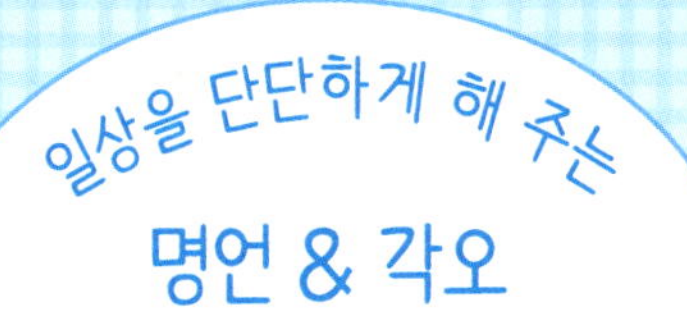

명언 & 각오

“용기란 두려움이 없는 것이 아니라, 두려움에도 불구하고 나아가는 것이다.”

- 넬슨 만델라

▷ 진짜 용기란 마음이 떨리지 않는 상태가 아니라, 떨리는 마음을 안고도 행동하는 태도야.

* * * * *
** ** ** ** **

◈ 더 나은 나를 위한 긍정 선언

• 나는 평생 ________________________________

________________________까지 도전할 거야.

• 지금 나의 가장 큰 도전은 ___________________

__________이다. 두려움에도 불구하고 계속 도전해 보겠다.

나는 내 미래를
바꿀 수 있어

멋진 미래를 만들기 위한 노력

장애를 가진 나를 보고 가장 안타까워한 사람은 우리 할머니였어. 제주도에서 평생을 산 할머니는 늘 아버지에게 말했지.

"지금이라도 정욱이에게 도장 파는 기술이나 시계 고치는 기술을 가르쳐라."

손자에게 앉아서 일할 수 있는 직업이 필요하다고 생각했던 거지. 그게 시골 할머니가 손자를 위해 떠올린 최선의 생각이었을 거야. 실제로 제주도에 그런 일을 하는 장애 이웃이 있었대.

하지만 그 말을 들을 때마다 나는 마음이 답답했어.

'내가 왜 한자리에 머물러서 평생 그 일만 해야 하지?'

나는 더 멋진 미래가 나를 기다리고 있다고 믿었거든. 물론 그건 근거 없는 자신감이었지. 그래서 나는 더욱더 열심히 공부했고, 독서에 빠졌고, 새로운 것을 배우려 노력했어. '무엇이 되고 싶다'는 분명한 목표보다 '이렇게는 살지 말아야겠다'는 결심이 더 강했던 거야.

그 결과 비록 여러 번 꿈을 바꾸었지만 결국 나는 작가가 되었어. 장애를 가졌지만 전국을 다니며 강연을 하고 있지. 정말 멋진 삶이라고 생각해.

돌아보면, 그건 대단한 비결이 있어서가 아니라 그때그때 스스로 선택한 작은 발걸음들이 모여 만든 길이었어. 나는 지금도 여전히 더 멋진 미래를 만들어 가는 중이야.

너도 아마 미래가 막막하게 느껴질 거야. 대부분의 아이들이 부모님이나 선생님이 정해 준 길을 따라가잖아. 그래서 더 답답하고, 내 삶이 내 것이 아닌 것처럼 느껴질 때도 있지.

그럴 땐 꼭 기억했으면 해. 미래는 거창한 계획에서만 오는 게 아니라, 나 스스로 내린 작은 선택들이 하나씩 쌓여서 만들어진다는 것을.

일상을 단단하게 해 주는 긍정 확언 7

정해지지 않아서 멋진 미래

미래는 정해진 게 아니야. 태어난 환경도, 지금의 조건도 내일을 결정짓지 못해. 내가 오늘 무엇을 선택하느냐가 미래를 바꿔 놓지. 사람들은 '운명'이라고 말하지만, 너는 '의지'라는 단어를 더 믿어야 해.

물론 쉽지 않아. 하지만 '지금'이라는 미래의 열쇠를 네가 쥐고 있다는 사실은 분명해.

장애를 안고 산 물리학자 스티븐 호킹도 그랬어. 몸은 매일 질병으로 굳어 갔지만, 그는 생각하고, 말하고, 쓰는 걸 포기하지 않았어. 현재의 몸은 죽음을 향해 조금씩 달려갔지만, 그의 미래는 점점 더 넓게 열려 갔지.

노인들이 안타까운 건 더 이상 미래에 대해 이야기를 하지 않는다는 점이야. 과거 이야기만 하지. 지나간 과거는 아무리 얘기해도 인생에 도움이 안 돼. 우리는 누구나 여전히 가능성이라는 땅 위에 서 있어.

그런데 '미래'라는 말은 어디서 온 걸까? 한글 단어처럼 느껴지지만, 사실은 한자어야.

'미(未)'는 '아직'이라는 뜻이고, '래(來)'는 '오다'라는 뜻이야. 그러니까 미래란 말은 곧 '아직 오지 않은 것'이라는 뜻이지. 아직 오지 않았기 때문에 막막하게 느껴지기도 해. 아직 오지 않았기 때문에 의지와 책임이 필요하기도 하지. 그리고 아직 오지 않았다는 건 곧 희망이 열려 있다는 뜻이기도 해.

그래서 나는 이렇게 믿어. '미래'는 정해져 있지 않기에, 오늘의 내가 얼마든지 바꿀 수 있다고.

"나는 내 미래를 바꿀 수 있어!"

 일상을 단단하게 해 주는 긍정 확언 7

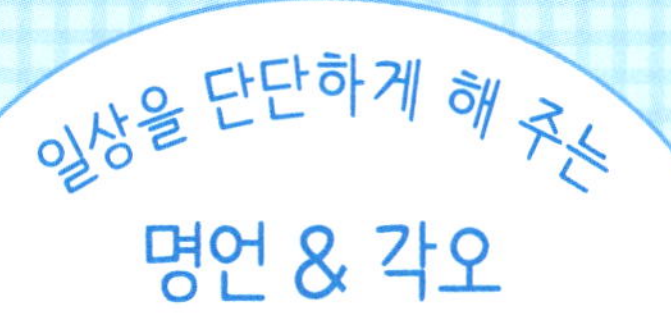

명언 & 각오

"미래를 예측하는 가장 좋은 방법은, 그 미래를 직접 만드는 것이다."

- 피터 드러커(미국, 경영학자, 1909~2005)

▷ 내일이 어떻게 될지를 걱정하기보다는, 내가 오늘 무엇을 선택하고 실천하느냐에 따라 미래가 바뀐다는 의미야.

*　*　*　*　*
**　**　**　**　**

◈ 더 나은 나를 위한 긍정 선언

• 미래를 멋지게 가꾸는 건 ___________________________________

___________________이다.

• 나는 나의 미래를 ___________________________________ 하게 가꾸겠다.

매일 조금씩이라도

하자

과제를 완수한 비밀

"꾸준히 한다."는 말, 참 쉬워 보이지?

그런데 막상 해 보면 제일 어려운 게 '꾸준함'이야. 시험공부를 하루 만에 끝낼 수 없고, 피아노곡도 며칠 만에 완벽하게 칠 수 없지. 운동도, 다이어트도 하루만 하고 끝내면 소용이 없어. 조금씩이라도 매일 해야만 힘이 생겨.

나도 젊은 시절에 그 사실을 뼈저리게 느낀 적이 있어. 대학교 1학년 때였어. 당시 우리 사회가 권위주의 시대라 대학생들이 자유 민주주의를 위해 시위를 많이 했어. 시위가 격렬해지고 사회가 혼란스러워지자, 결국 정부에서 전국 대학에 휴교령을 내렸지. 모든 대학이 문을 닫았고, 언제 다시 열릴지 아무도 몰랐어. 한마디로 장기 방학에 들어간 거야. 신입생이던 나는 대학의 낭만을 미처 즐기기도 전에 갈 곳을 잃었어.

어느 날 학교 과제가 통보되었어. 각 수강 과목별로 과제물이 있었는데, 양이 어마어마했지. 그 가운데 하나가 영어 교재에 있는 20페이지 분량의 영어 작문 과제였어. 수백 문장을 다 작성해서 제출해야만 했어. 이때 나는 결심했어.

"매일 10개씩만 영작하자."

큰 산도 하루아침에 오를 순 없어. 하지만 매일 한 걸음씩 오르면 정상에 닿을 수 있잖아. 그렇게 계획을 세우고 사전을 참조하며 영어 문장을 쓰기 시작했어. 문법책도 뒤져 가면서 조금씩 써 갔지. 봄이 지나고 여름이 지나고 찬 바람이 불 때쯤, 드디어 휴교령이 해제되고 대학 문이 열렸어.

과제를 제출하는 날, 놀라운 일이 벌어졌어. 그 엄청난 과제를 완성해서 제출한 사람이 우리 과에서 나밖에 없었던 거야. 선배들 사이에서 소문이 났어. 어떻게 그걸 다 했느냐고 묻는 사람도 있었어. 나는 당당하게 대답했지.

"매일 조금씩 했습니다."

꾸준함은 대단한 비밀이 아니야. 멈추지 않고 조금씩이라도 이어 가는 힘, 그게 바로 꾸준함의 비결이야. 그 힘이 결국 놀라운 결과를 만들어 내는 거지.

조금씩의 기적

위대한 일은 언제나 조용히 시작돼. 처음부터 거창한 건 없어. 작은 결심 하나, 짧은 문장 하나가 내일을 만들지. 매일 쓰는 한 줄의 일기, 하루에 읽는 책 한 쪽…, 그건 작아 보여도 마음을 조금씩 단단하게 만들어 주지. 벽돌 한 장으로는 집이 안 되지만, 매일 꾸준히 쌓으면 성이 되는 이치야.

작가 무라카미 하루키(일본, 1949~)는 매일 같은 시간에 글을 쓰고 매일 달리기를 한대. 그건 습관이 아니라 루틴이었지. 이런 꾸준함이 그를 세계적인 작가로 만든 거야.

그럼 꾸준함은 어떤 의미일까? 동기 부여나 자기 계발에서 꾸준함은 곧 지속 가능한 힘이야. 재능이 있어도 꾸준하지 않으면 사라지고, 재능이 부족해도 꾸준하면 결국 끝까지 가는 이치야. 요즘 말로 하자면 "버티면 이긴다."는 거지.

그렇다면 습관과 루틴은 어떻게 다를까?

습관은 의식하지 않아도 저절로 하게 되는 행동이야. 이를 닦거나 신발 끈을 묶는 것처럼 말이지. 반면 루틴은 스스로 정해 놓은 규칙이야. 예를 들어 '아침 6시에 일어나서 글을 쓴다'처럼, 의지로 정한 행동이 반복되어 삶의 틀이 되는 거야.

꾸준함은 처음엔 루틴으로 시작되지만, 시간이 지나면 습관처럼 몸에 배어 자연스러워지는 거지.

꾸준함을 가지려면 꼭 거창한 목표가 필요하지는 않아. 오히려 작고 구체적인 목표가 더 좋아. 오늘 단어 다섯 개 외우기, 하루에 책 한 쪽 읽기, 운동 10분 하기 같은 목표 말이야. 실천 가능한 작은 성취가 모여 스스로 꾸준함의 가치를 깨닫게 해 주지.

꾸준함은 지루한 반복이 아니라 미래를 조금씩 바꾸어 가는 힘이야. 재능을 이기는 유일한 길이야. 꾸준하려면 자기가 하는 일을 즐겨야 해. 멈추지 않고 이어 가는 사람, 그 사람이 결국 해내는 거야.

"매일 조금씩이라도 하자!"

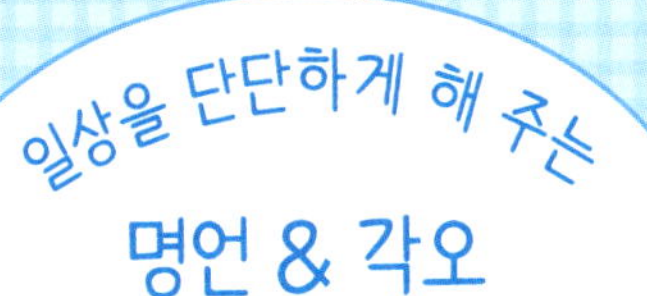

"천재는 1%의 영감과 99%의 노력으로 이루어진다."

– 토머스 앨바 에디슨(미국, 발명가, 1847~1931)

▷ 탁월한 성취는 특별한 재능보다도 매일의 반복과 끈질긴 노력이 만든다는 의미야.

*　*　*　*　*
**　**　**　**　**

◆ 더 나은 나를 위한 **긍정 선언**

• 지금 나의 아침 루틴은 ______________________________

______________________ 다.

• 부지런한 개미를 본받아 ______________________________

______________________ 할 것이다.

다음에 잘하면 돼

기회는 계속돼

살다 보면 한 번에 되는 일이 잘 없어. 시험을 치르면 낙방할 수도 있고, 대회에 나가면 떨어질 수도 있지. 오디션이나 지원서를 냈는데 연락이 없을 때도 부지기수야. 그럴 때 누구나 속으로 이렇게 생각해.

'아, 나는 안 되는구나.'

하지만 그건 끝이 아니야. 다음 기회를 위한 시작일 뿐이야.

대학원 시절, 서른 살 가까이 된 아들을 먹여 주고 재워 주는 부모님께 신세 지는 게 나는 조금 미안했어. 그래서 아르바이트라도 해 보기로 결심했지. 그때 마침 M 방송국에서 처음으로 구성 작가를 뽑는다는 공고가 난 거야. 나는 경험이 없었지만 자기소개서, 이력서, 방송 구성안을 열심히 작성해 제출했어.

하지만 결과는 낙방이었어. 나중에 알고 보니, 방송 구성안에 정해진 양식이 있었는데 그걸 전혀 몰랐던 거야.

1년 뒤, 2차 모집이 떴지. 이번에는 제대로 준비했어. 양식도 지키고, 구성안도 구체적으로 썼어. 그리고 내가 잘할 자신이 있다고 강한 각오를 보였더니 뽑혔지 뭐야?

그때부터 내 이력서에는 당당히 M 방송국 구성 작가 경력이 들어가게 됐어. 그곳에서 다큐멘터리가 어떻게 만들어지는지, 작가가 무엇을 고민해야 하는지 등 많은 걸 배웠지.

하지만 가장 중요한 건 첫 실패에 좌절하지 않고 다음에 보완해서 성공했다는 거야. 그때부터 내 마음엔 이런 각오가 늘 자리 잡고 있어.

"다음에 잘하면 돼."

기회는 한 번만 오는 게 아니야. 준비하는 사람에게는 몇 번이고 계속 오는 거지. "열 번 찍어 안 넘어가는 나무 없다"는 속담처럼 계속 시도하다 보면 결국 열릴 순간이 찾아오지. 그러니 지금 혹시 실패했다고 속상한 마음이 든다면 이 말을 꼭 기억해 줘.

기회는 계속돼. 그리고 넌, 다음에 더 잘할 수 있어.

다시의 힘

인간은 뭘 하든 실패할 수밖에 없는 존재야. 그 이유는 완벽하지 않기 때문이지. 처음부터 완벽한 사람은 없으니까. 그래서 중요한 건 실패 그 자체가 아니야. 실패 이후 어떤 태도를 가지느냐에 있어. 대부분은 그 자리에 주저앉지만, 다시 일어서는 사람은 뼈아픈 고통을 성장의 연료로 써.

덴마크 철학자 키르케고르(1813~1855)는 이렇게 말했어.

"절망은 인간을 구원으로 이끄는 길이다."

절망 앞에 무너져 본 사람만이, 그 절망을 딛고 더 깊이 생각하며 다시 시작할 수 있다는 거야.

말라위의 발명가 윌리엄 캄쾀바(1987~)도 그랬어. 아홉 번이나 실패하고도 바람개비를 다시 세웠지. 그 바람개비로 전기를 만들고, 우물 깊은 곳의 물을 끌어 올렸어. 그가 해낸 건 단순한 기술이 아니야. 바로 "다시"의 정신이었지. 이 정신은 역사 속에서 늘 인류를 앞으로 나아가게 했어.

토머스 에디슨은 수천 번의 실패 끝에 전구를 발명해 빛을 밝혔고, 과학자들은 수많은 오류를 고쳐 가며 인류 지식을 쌓아 왔어. 도시는 무너져도 다시 세워졌고, 농사는 흉작이어도 다시 씨앗을 뿌렸어. '다시'가 없었다면 오늘의 문명도 없었을 거야.

심리학자들은 이 힘을 '회복 탄력성'이라고 불러. 넘어져도 다시 일어나는 힘 말이야. 실패 후에 다시 시도하는 경험은 뇌 속의 보상 회로를 단단하게 만들어 줘. 앞으로의 삶에서 더 큰 도전에 맞설 수 있도록 해 준다고 해. 결국 우리 인생을 구원하는 건 단 한 번의 완벽한 성공이 아니야. 실패해도 다시, 또다시 해 보는 힘이야.

니체는 같은 삶이 무한히 반복된다고 해도 "그래도 나는 다시 살겠다."라고 말할 수 있어야 한다고 했어. 그 말처럼 다시 일어서는 태도가 바로 삶을 긍정하는 힘이야.

결국 우리를 구하는 건, 단 한 번의 완벽함이 아니라 실패해도 다시 하고, 또다시 해 보는 정신이야.

"다음에 잘하면 돼!"

명언 & 각오

"성공은 열정을 잃지 않고 실패를 거듭할 수 있는 능력이
다."

- 윈스턴 처칠

▷ 실패해도 포기하지 않고 계속 도전할 수 있는 사람이 진짜 성공하
　는 사람이다.

*　*　*　*　*
**　**　**　**　**

◆ 더 나은 나를 위한 긍정 선언

• 오늘 나는 ＿＿＿＿＿＿＿＿＿＿＿＿＿＿＿＿＿＿

　＿＿＿＿＿＿＿＿＿＿＿＿에 실패했어.

• 하지만 ＿＿＿＿＿＿＿＿＿＿＿＿＿＿＿＿＿＿

　＿＿＿＿＿＿＿＿＿할 거야.

지금은 힘들어도
곧 웃게 될 거야

버티는 힘이 행복의 열쇠

20여 년 전, 내 강연은 일 년에 서너 번에 불과했어. 그런데 세월이 흐르면서 점점 늘어나더니, 코로나가 오기 직전 해에는 무려 350회까지 했지. 하루에 두세 번, 많을 땐 네 번까지도 했어. 어떤 날은 집에 들어와 옷도 못 벗고 그대로 쓰러져 잠들었어. 목포를 다녀온 다음 날, 곧장 부산으로 내려가야 하는 식이었지.

지금 생각해도 어떻게 버텼는지 신기할 정도야. 그 시절 내 마음속에는 늘 같은 말이 있었어.

"지금은 힘들어도 곧 웃게 될 거야."

정말 힘들었지만, 잠시 쉬는 순간 휴식의 고마움을 배웠고, 다시 강연을 떠날 때는 새로운 즐거움을 느낄 수 있었어.

시간이 지나면서 내 책들은 교과서에도 실렸고, 전국의 학교마다 강연 요청이 이어졌지. 강연을 듣고 감동했다는 문자, 자신의 꿈을 향해 나아가겠다는 메일을 받을 때마다 나는 마음 깊이 웃을 수 있었어. 세상에 조금이라도 선한 영향력을 주고 있다는 보람이 있었거든.

육십 중반이 된 지금도 여전히 강연을 하고, 사랑받는 작가로 살아가는 나를 보면 '정말 잘 버텼구나.' 하는 생각이 들어.

버팀 속에서 얻은 건 단순한 성취가 아니라, 힘들었기에 더 크게 느껴지는 보람이었어. 전국의 어린이 청소년에게 내 경험과 생각과 지식을 들려줄 수 있으니까.

네게는 "버틴다"는 말이 공부에만 적용해 들릴 수 있어. 하지만 버틴다는 건 시험 점수만을 일컫는 게 아니야. 악기를 배우다 손가락이 아파도 다시 해 보는 것, 운동을 하다 지쳐도 하루 더 체육관에 나가는 것, 친구 관계에서 오해가 생겼을 때 대화를 시도해 보는 것, 이런 작은 버팀이 다 내성을 키우는 연습이야.

내가 끝까지 버틸 수 있었던 근본적인 힘은 '내성(마음의 면역력)'이었어. 실패와 비난을 받아도 무너지지 않는 힘, 힘든 순간을 피하지 않고 견디는 힘 말이지.

그 힘은 특별한 게 아니야. 매일의 꾸준함, 작은 성취의 기쁨, 누군가의 따뜻한 응원이 차곡차곡 쌓여서 내성이 되는 거야.

그래서 나는 지금도 같은 말을 반복하라고 네게 말하고 싶어.

"지금은 힘들어도 곧 웃게 될 거야."

웃을 수 있는 힘

살다 보면 지금은 왜 이렇게 힘든 걸까, 그런 생각이 들 때가 있지. 세상은 앞만 보라고 하지만, 앞이 안 보일 때도 많아. 그래도 시간이 지나면, 그 어둠에도 이름이 붙게 돼. 버티려고 애썼던 때, 혹은 극복 투쟁의 시기….

영화 〈마스크〉와 〈트루먼 쇼〉로 유명한 배우 겸 코미디언 짐 캐리(미국, 1962~)도 한때는 너무 가난해 차 안에서 살았대. 아버지가 일자리를 잃고, 온 가족이 캠핑카에서 지냈던 거지. 나중에 그는 과거를 회고하면서 이렇게 말했대.

"가난은 나를 부끄럽게 하지 않았다. 웃게 만들었다."

그 웃음이 그의 무기가 되었고, 결국 그는 세상을 웃게 하는 명배우가 되었어. 누구에게나 미약하고 부족한 시기가 있어. 그 시기는 우리를 힘들고 지치게 해. 하지만 그 시기를 이겨 내면 서서히 기회는 오게 되어 있어. 경험치가 쌓이니까. 미소를 짓게 되고 곧 웃음으로 변하게 돼.

웃을 수 있는 힘이란, 좋은 상황에서 웃는 단순한 웃음이 아닌, 웃기 힘든 상황에서도 웃을 수 있는 내면의 여유를 뜻해. 그 웃음은 스스로를 격려하고, 나아가 목적 있는 삶으로 한 발 더 내딛는 걸음이 되는 거야. 웃기 힘들 때, 방에서 혼자 거울을 바라보면서 또는 아무도 없는 공간에서 소리 내어 "하하하!" 하고 자신을 향해 웃어 봐. 그러면 몸은 그 소리에 반응해서 신경의 에너지를 증가시키고, 지친 몸을 회복 모드로 전환할 거야. 웃음은 그야말로 생존과 회복을 위한 좋은 도구니까.

네가 지금은 울고 있어도 괜찮아. 이 눈물도 언젠가 추억의 한 장이 될 거야. 시간은 모든 상처 위에 새살을 돋게 해. 조금만 더 기다려 봐. 곧, 웃게 될 테니까.

"지금은 힘들어도 곧 웃게 될 거야!"

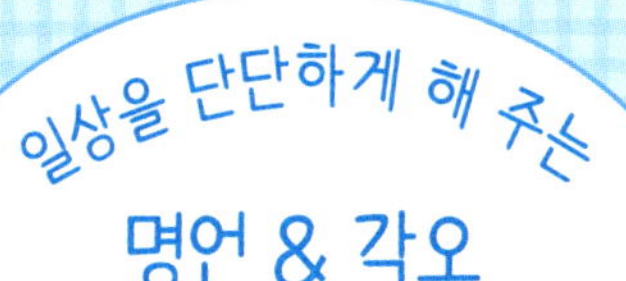

"이 또한 지나가리라."

- 성경 속 솔로몬 왕의 반지에 새겨졌다는 전언

▷ 고통도, 기쁨도 영원하지 않으니, 지금의 힘듦도 결국 지나간다는
  뜻이야.

* * * * *
** ** ** ** **

◈ 더 나은 나를 위한 **긍정 선언**

• 이 어려움이 _______________________________________

  _______________ ___이 될 거라는 걸 알아.

• 반드시 ____

  _________________해서 이겨 내고 말 거야.

긍정 확언 11

나는 끝까지 해낼 거야

끝이 좋으면 다 좋아

강연을 가면 마무리할 때 학생들에게 꼭 말해.

"여러분도 꿈을 가지세요."

그러면서 내 꿈 세 가지를 들려주곤 했지.

첫째, 노벨 문학상.

둘째, 해외 출간.

셋째, 500권의 책을 내는 것.

어쩌면 허황돼 보일 수도 있어. 하지만 어느새 나는 35년 동안 390권 넘는 책을 냈어. 처음 던져 놓은 500권이라는 말, 이제는 허무맹랑한 숫자가 아니라 손에 잡힐 듯한 현실이 되고 있지.

많은 사람들이 말해. "이건 누구도 쉽게 따라오기 힘든 업적이다."라고. 물론 힘들고 어려웠어. 하지만 나는 힘들 때마다 늘 마음속으로 다짐했지.

"나는 끝까지 해낼 거야."

생각해 보면 나는 어릴 때부터 뭘 시작하면 도중에 관두는 걸 싫어했어. 공들인 시간이 아까웠거든. 시작했으면 끝을 봐야 결과가 있잖아. '가다가 중지하면 아니 감만 못하다'는 옛말도 있잖아.

앞으로 십 년, 일 년에 10권씩만 써도 500권 목표는 충분히 가능해. 하지만 이제는 알겠어. "끝까지 해낸다."는 건 단순히 숫자와 결과만을 뜻하는 게 아니라는 걸. 내 책 중에는 성공작도 있고, 실패작도 있어. 많이 팔린 책도 있고, 조용히 사라진 책도 있지. 하지만 중요한 건 그 모든 과정이 쌓여 지금의 나를 만들었다는 사실이야.

그래서 나는 이렇게 말할 수 있어. 끝까지 해낸다는 건, 과정 자체를 가치 있게 여기는 일이라고. 결과가 완벽하지 않아도 괜찮아. 끝까지 걸어온 그 길이 이미 의미 있는 행보니까. 내가 500권을 채우든, 그 전에 멈추든 상관없어. 나는 꿈을 향해 멈추지 않았고, 그 덕분에 여기까지 올 수 있었으니까. 그 길 위에서 웃고 울며 쌓아 온 모든 날들이 이미 나의 작은 업적이고, 나의 기쁨이니까.

그래서 나는 오늘도 내게 확언을 해.

"나는 끝까지 해낼 거야."

삶에서의 승리

세상 사람들은 결과만 기억해. 시험공부를 열심히 했어도 실수 몇 개로 망치면, 우리는 금세 노력하지 않은 사람이 되어 버리지. 참 억울한 세상이야.

하지만 나는 과정도 중요하다고 생각해. 멋지게 이기는 것도 좋지만, 끝까지 버티는 사람이 되고 싶어. 왜냐하면 인생은 대부분 긴 승부로 이어지기 때문이야.

1992년 바르셀로나 올림픽 때, 영국의 육상 선수 데릭 레드먼드는 400미터 달리기 준결승에 올랐어. 하지만 결승선이 코앞일 때 갑자기 쓰러졌지. 햄스트링 근육이 찢어진 거야. 그 순간, 관중석에 있던 아버지가 달려 내려왔어. 그리고 팔짱을 끼고 함께 결승선을 걸어갔지. 금메달은 없었지만, 그날 아버지와 아들은 수많은 사람들을 울렸어.

레드먼드가 졌을지 몰라도, 삶에서는 분명히 승리한 거야. 포기하지 않으면 실패도 승리가 돼. 그래서 너도 끝까지 해내겠다는 각오가 필요해. 비틀거려도, 멈추지 않고 나아간다면 결국은 승리의 열매를 맛볼 수 있어.

그날 레드먼드의 아버지가 쓰고 있던 모자에는 이런 글귀가 새

겨져 있었어.

"JUST DO IT(하면 된다)."

그 뒤 레드먼드 선수는 자신의 이 스토리로 전 세계를 다니며 강의를 하는 강사가 되었지. 비록 다시 선수로 달릴 수는 없지만, 강사로서 다른 사람들에게 용기를 주고, 희망을 심어 주며 새로운 삶을 살았어.

"나는 끝까지 해낼 거야!"

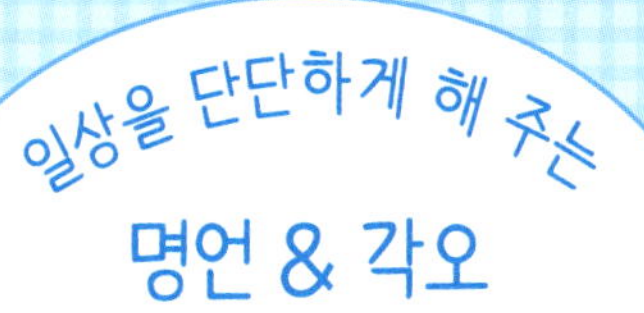

명언 & 각오

"마지막에 웃는 자가 진정으로 웃는 자다."

- 성경 〈잠언〉에서 유래된 격언

▷ 처음이 아니라, 끝까지 버티고 나아간 사람이 결국 진짜 승리자라는 뜻이야.

* * * * *
** ** ** ** **

◆ 더 나은 나를 위한 **긍정 선언**

• 지금 내가 하고 싶은 일은 ＿＿＿＿＿＿＿＿＿＿＿＿＿＿＿

＿＿＿＿＿＿＿＿＿＿＿＿＿＿＿＿＿＿＿＿이다.

• 이것을 나는 ＿＿＿＿＿＿＿＿＿＿＿＿＿＿＿＿＿＿

＿＿＿＿＿＿＿＿ 해서 완수할 것이다.

긍정의 말이 뇌를 단단하게 만든다

무슨 일을 하든 '나는 못 해.''이건 실패야.' 하고 생각하는 사람이 있어. 이런 생각은 습관이 되고, 뇌는 자신도 모르게 그 습관을 점점 고정시켜 버려. 왜냐하면 뇌는 자주 사용하는 회로를 더 강하게 연결하는 성질, '신경 가소성'을 가지고 있기 때문이지. 즉, 어떤 생각을 반복하면, 반복된 생각은 뇌에 익숙한 경로를 만들게 돼. 운동선수가 훈련을 게을리하지 않는 이유도 바로 이거야. 훈련을 반복해 몸이 기억하는 습관으로 만들면 본 시합에서 무의식적으로 훈련된 능력을 발휘할 수 있어서야.

부정적인 말도 뇌에서는 자극이고, 그 자극이 쌓이면 진짜처럼 믿게 돼. 그래서 자기 비난을 반복하면 뇌는 '나는 안 되는 사람'이라는 신호만 계속 재생해.

뇌는 새로운 길도 만들 수 있어. 이때 긍정 확언이 등장해.

"나는 내 인생의 주인공이야."

"나는 지금도 성장하는 중이야."

"나는 할 수 있어."

이런 말은 단순한 위로나 주문이 아니야. 생각하는 방식을 바꾸는 훈련이야. 일종의 뇌를 다시 프로그래밍하는 거지. 자기 긍정의 말을 반복하면 뇌는 실제 경험과 비슷하게 반응하기도 해.

심리학에서는 이를 자기 확언 이론이라고 불러. 실제로 긍정 확언을 반복하면, 뇌의 전측 대상회와 측두두정 접합부 같은 부위가 활성화되지. 이 부위들은 자기 조절과 공감, 미래 계획과 관련된 영역이야.

또한 긍정적인 말과 생각은 동기와 집중에 도움을 줄 수 있어. 뇌가 "이건 잘될 거야."라고 믿기 시작하면, 실제로 행동도 달라져. 이게 바로 플라시보 효과와 비슷한 원리인데, 뇌가 말과 생각만으로도 신체를 변화시킬 수 있다는 증거지. 긍정 확언은 스트레스를 줄이는 데 도움이 될 수 있어. 즉, 말 한 마디가 심리뿐 아니라 생리적 반응까지 바꾸는 거야.

긍정 확언은 뇌 속의 '부정 회로'를 끊고, 새로운 '자기 긍정 회로'를 만들어. 매일 같이 반복하면 이 회로는 강화되고, 나중에는 힘들 때 자동으로 작동하게 돼. 부정적인 반응은 쉽게 생기지만, 긍정은 훈련이 필요해. 그리고 훈련은 뇌를 바꾸고, 뇌는 삶을 바꿔. 처음엔 억지 같고, 마음에 와닿지 않을 수 있어. 하지만 뇌는 반복된 신호를 진짜로 믿는 장기 기억 장치를 갖고 있어.

과학자들은 이렇게 말해.

"생각을 바꾸려면, 말부터 바꿔라."

나는 이렇게 말해 줄게.

"말을 바꾸면 뇌가 반응하고, 뇌가 바뀌면 네 인생이 단단해져."

긍정 확언은 '생각의 근육'을 키우는 훈련이야. 매일 거울 앞에서 말해 봐. 노드에도 써 봐. 소리 내어 말해 보면 더 좋아. 뇌는 그 말을 데이터처럼 저장하고, 행동 명령처럼 수행할 거야. 그게 뇌의 힘이자, 말의 힘이고, 너의 진짜 능력이야.

관계 속에서 나를 지키는
긍정 확언 9 - **감정 조절 · 인간관계**

오늘보다 **내일** 더 **멋진 자신**을 기대하는 **너**에게

혼자 사는 게 편하고 좋아 보일지 모르지만, 결국 사람들 사이로 들어가야 우리는 기운도 나누고 정보도 나누며 사람답게 살 수 있어. 좋은 관계를 유지하는 일은 나이와 상관없이 언제나 쉽지 않아. 정신 노동, 감정 노동으로부터 나를 잃지 않고 나를 지키면서 슬기롭게 관계를 유지하려면 훈련이 필요해. 긍정적인 말로 네 자신을 격려하고 응원해 보자.

나쁜 생각은
털어 버리자

오늘의 태양을 만나라

내가 어릴 때 괜히 불안한 날이 있었어. 시험을 보러 가는데 "오늘은 왠지 망칠 것 같아." 같은 생각이 들고, 친구랑 만날 약속을 했는데 "괜히 싸울 것 같아." 같은 근거 없는 생각들이 마음을 짓눌렀지. 그럴 때면 아직 일어나지도 않은 일 때문에 벌써 그날이 실패한 것처럼 느껴졌어. 너도 그럴 때 있지? 괜히 마음이 무겁고, 뭔가 불길한 일, 위험한 일, 예감이 안 좋은 일이 생길 것 같은 그런 느낌 말이야.

이 생각을 가만히 들여다보면, 그 자체가 불길하거나 위험한 건 별로 없어. 그냥 결과를 아직 모르는 것뿐인데, 사람 마음은 스스로 "안 될 거야." "재수 없을 거야." 하고 미리 단정 지어 버리곤 해. 그런데 이런 부정적인 생각은 시작도 하기 전에 우리 발목을 잡아. 정말 안 좋은 일이 일어나기도 전에 스스로 무너져 버리는 거지.

초등학교 다닐 때였어. 어느 날 밤, 악몽을 꾸고 너무 무서워서 아침에 눈을 뜨기가 싫었어. 그때 담임 선생님이 이런 말씀을 해 주셨지.

"악몽을 꿨다면, 떠오르는 태양을 바라보면서 이렇게 외쳐라. '오늘의 모든 불운함을 다 가져가라!'"

나는 반신반의했지만 그대로 따라해 봤어. 신기하게도 그날 하루는 별일 없이 지나갔어. 그 뒤로도 불안할 때마다 태양을 보며 "오늘 하루는 운이 좋을 거야!" 하고 소리쳐 봤지. 그러면 마음이 가벼워졌어. 물론 과학적인 근거는 없어.

하지만 불안도 아무 근거 없는 거잖아. 그렇다면 나쁜 기운을 털어 버리는 것도 충분히 힘이 되는 거야. 너도 혹시 느낌이 안 좋거나, "오늘은 망칠 것 같아."라는 부정적인 생각이 들면 태양을 향해 외쳐 봐. 불안은 사라지고 하루가 달라질 거야.

나쁜 생각에 발목 잡혀 앞으로 나아가지 못하는 건 어리석은 일이야. 생각은 언제든 바꿀 수 있어. 마음먹기 달린 거야. 중요한 건 "오늘은 잘될 거야." 하고 스스로 다짐하는 거야. 그 다짐이 네 하루를 바꾸는 힘이 돼.

　

구름 같은 나쁜 생각은 훅!

나쁜 생각은 구름 같아. 하늘에 오래 머무르기도 하고 천둥번개와 함께 비를 뿌리기도 해. 하지만 결국 흩어지게 돼. 붙잡고 있으면 기분이 눅눅해지고 마음에 내리기도 하지. 그러니 먼저 털어 버리는 게 좋아.

그런데 생각을 털어 버린다는 건 뭘까? 생각을 버린다는 건 생각을 안 하는 게 아니야. 누구든 머릿속은 늘 생각으로 가득 차 있어. 중요한 건 그 생각에 붙잡히지 않는 거야.

그러면 어떤 환경이 필요할까? 나쁜 생각을 털어 내려면 마음이 숨 쉴 수 있는 환경이 필요해. 책상 위 물건을 줄여서 단순하게 만들면 머릿속이 조금은 단순해져. 햇빛이 드는 창가에 잠시 앉아 보는 일도 좋고, 핸드폰 알림을 꺼 두는 것도 흔들리지 않는 좋은 방법 중 하나야. 이런 작은 변화들이 나쁜 생각을 붙잡지 않게 도와주지. 조용히 숨을 고르며 명상을 해도 좋아.

영국의 수필가 새뮤얼 존슨(1709~1784)은 평생 우울증과 싸웠대. 그는 우울해하지 않으려고 매일 아침 침대 옆에 “오늘 하루는 어제보다 낫다.”라고 쓴 쪽지를 붙였대. 그 문장 하나가 생각을 바꾸게 했대.

불안, 후회, 자기 비난은 다 머릿속에 떠다니는 먼지일 뿐이야. 살짝 털어 내면, 마음이 숨 쉬게 돼. 그러니 나쁜 생각은 털어 버려. '오늘'은 네 편이야. 그리고 이렇게 말해 보자.

"오늘 나는 구름을 보내고, 햇빛을 맞이할 거야."

"나쁜 생각은 털어 버리자!"

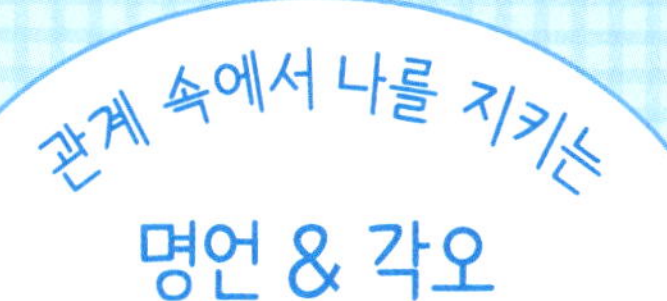

명언 & 각오

"마음속 생각을 바꾸면, 세상이 달라 보인다."

- 마르쿠스 아우렐리우스(로마 제국, 황제, 121~180)

▷ 세상이 문제인 게 아니라, 내 생각이 문제일 수 있다는 뜻이야. 생각을 바꾸면 삶의 색도 바뀌니까.

*   *   *   *   *
**   **   **   **   **

◈ 더 나은 나를 위한 **긍정 선언**

- 나를 붙잡고 있는 나쁜 생각은 ＿＿＿＿＿＿＿＿＿＿＿＿＿

  ＿＿＿＿＿＿＿＿＿이다.

- ＿＿＿＿＿＿＿＿＿＿＿＿＿＿＿＿＿해서 이 생각을 ＿＿＿＿＿

  ＿＿＿＿＿해 버리겠다.

나는 친구들에게
잘해 주고 싶어

친구들은 나의 비타민

학교나 단체에서 사람들이 모이면 꼭 누군가는 회장이나 반장을 맡아 무리를 이끌게 되지. 또 모임이 있으면 누군가는 날짜를 정하고, 장소를 예약하고, 사람들을 챙겨야 해. 이상하게 나는 그런 역할을 자주 하게 됐어. 약속을 정하고, 행사를 기획하고, 사람들을 모으는 일을 맡은 거지.

가장 큰 일은 고등학교 졸업 30주년 홈커밍 데이 행사를 맡은 거야. 무려 900명 가까운 동기들이 있었는데, 그 모임에서 내가 추진위원장을 맡았어.

왜 그런 일을 하게 됐을까. 그건 학교 다닐 때 친구들이 나를 업어 주고, 가방을 들어 주고, 함께 어울려 준 게 고마웠기 때문이야. 그 은혜를 일일이 갚을 수는 없었어. 그래서 내가 할 수 있는 게 뭘까 생각하다가 아무도 맡으려 하지 않았던 추진위원장을 맡았지.

결과는 성공적이었어. 많은 친구들과 은사님들이 자리를 함께 했어. 모임도 성황리에 마무리할 수 있었어.

"고 박사, 수고 많았어."

"덕분에 즐거웠어."

동창들이 나에게 고맙다고 했을 때, 나도 정말 뿌듯했어.

나는 언제든지 도전하는 사람이 되고 싶다는 마음을 가지고 있어. 그래서 지금도 여러 모임에서 회장을 맡고 있지. 새로운 일이 생기면 주저하지 않고 도전했어. 개인이든 단체든, 도전하는 일은 그 자체로 멋진 일이니까. 그 도전의 바탕에는 언제나 이런 마음이 있었어.

"친구들에게 잘해 주고 싶어."

친구는 나의 비타민이야. 나를 살리고, 웃게 만들고, 다시 힘을 내게 하는 존재야.

친구, 왜 꼭 필요할까?

과거에는 친구의 우정을 중요하게 여겼어. 하지만 요즘은 의식들이 많이 달라졌어. "혼자가 편하다" "굳이 친구가 필요 없다" 이런 말들이 흔해졌지. 디지털 세상에서는 온라인 친구, 가상 친구도 있으니까. '베프(베스트 프렌드)'라는 말도 요즘은 덜 쓰이는 것 같아. 하지만 그렇다고 해서 친구의 의미가 사라진 건 아니야.

사회학자들은 인간이 사회적 동물이라고 말해. 우리는 태어날 때부터 관계 속에서 살아. 형제자매, 부모, 부부 같은 가족 관계도 있지만, 사회적으로 가장 가까이 맺을 수 있는 관계는 친구야. 친구는 혈연이 아니라 선택으로 맺는 관계라는 점에서 특별해. 내가 원해서, 상대도 원해서 맺는 관계잖아.

그렇다면 왜 굳이 친구가 필요할까? 인간은 원래 혼자 살 수 없는 존재야. 심리학 연구에 따르면, 진짜 친구가 있는 사람은 스트레스가 낮고, 마음이 안정되며, 건강하게 오래 산다고 해. 미국 하버드대학의 연구에서는 '행복을 결정하는 가장 큰 요인 중 하나가 좋은 인간관계'라고 밝혔어.

디지털 친구는 화면을 끄면 사라져 버리는 관계일 수 있어. 하지만 진짜 친구는 곁에 남아 내 이야기를 들어 주고, 나를 이해해 주고, 내가 어떤 모습이든 인정해 주는 사람이야.

친구에게 잘해 준다는 건 꼭 뭔가 대단한 걸 해 주는 건 아니야. 가끔은 그 친구가 빛날 수 있도록 한발 물러나는 것도 방법이야.

강연할 때 가끔 틀어 주는 짧은 동영상이 있어. 〈자레드와 저스틴〉이라는 영상인데, 미국의 레슬링 유망주인 열세 살 저스틴은 열두 살 자레드와 경기를 하게 되었어. 그런데 자레드는 뇌성 마비 장애인이야. 저스틴은 시합장에 누운 채로 나타난 자레드와 악수를 하고 당당하게 시합을 했어. 휘슬이 울리자, 저스틴은 오른 팔만 쓸 수 있는 자레드의 팔 밑에 자신의 목을 집어넣었어. 그러자 자레드는 저스틴의 목을 압박했고, 빠져나오지 못한 저스틴은 손으로 바닥을 두드리며 항복했어. 자발적으로 친구에게 승리를 선물한 거야.

이처럼 친구는 나를 주인공으로 만들어 주는 또 다른 나야. 친구들에게 잘해 주고, 먼저 웃어 주고, 앞장서 믿어 주는 사람이 되어야 그 친구들도 똑같이 나를 대해 줄 거야. 혼자서도 살 수 있지만, 우리는 친구와 함께라면 더 따뜻하고, 더 단단해지고, 더 멀리 갈 수 있어.

"나는 친구들에게 잘해 주고 싶어!"

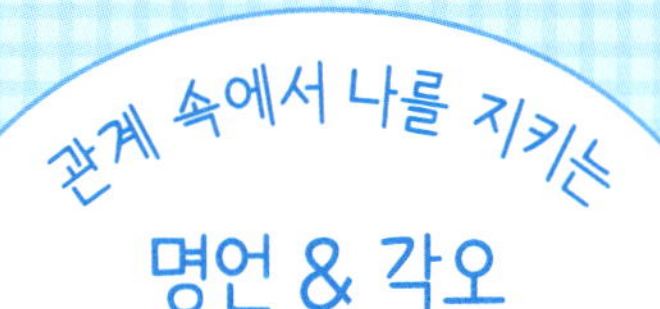

명언 & 각오

"진정한 리더는 다른 사람을 더 나은 사람으로 만드는 사람이다."

– 존 맥스웰(미국, 리더십 전문가, 1947~)

▷ 진짜 리더는 자신이 앞에 서는 것이 아니라, 친구와 동료가 빛날 수 있도록 돕는 사람이야.

*　*　*　*　*
**　**　**　**　**

◈ 더 나은 나를 위한 긍정 선언

· 나에겐 (　　　)명의 친구가 있어. 나는 그들에게

1. ____

2. ____

3. _____________________________________ 을 해 줄 거야.

내게는 나를 응원해 주는 사람들이 있어

응원이 주는 기적

대학 시절, 나는 소설 습작을 열심히 했어. 아마 졸업할 때까지 10편 이상의 단편 소설을 썼을 거야. 그렇지만 그 소설은 다 연습이기 때문에 미숙하기 짝이 없었지.

나는 내 작품이 부족한 걸 알기 때문에 부끄러워하지 않고 주위의 선배나 친구들에게 자주 보여 줬어. 그들은 기꺼이 내 작품을 읽어 줬어. 그리고 신랄한 평가를 해 주곤 했어.

"주인공이 스스로 비참하다고 말하는 것보다는 비참한 상황을 보여 줘서 독자가 비참하다고 느껴야지."

"소설의 3분의 1은 덜어 내도 될 것 같아."

도움이 되는 뼈아픈 지적을 많이 해 주면서도 꼭 응원의 말을 덧붙여 주었어.

"계속 써. 응원해 줄게."

"너는 꼭 훌륭한 작가가 될 거야."

우리는 누구나 응원해 주는 사람이 한두 명은 있어. 가장 가까운 응원자는 부모, 형제, 선생님 들이야. 그들의 기대와 격려는 우리의 노력을 이끌어 내고, 친구는 기쁨과 슬픔을 함께 나누며 서로의 힘이 되어 주지. 누군가의 응원을 통해, 우리가 받은 따뜻한 시선과 격려 속에서 지금의 내가 만들어졌다고 해도 과언이 아니야.

어릴 때를 생각해 봐. 아기가 걸음마를 떼면 다들 잘했다고 박수를 치며 환호해 주잖아. 그 응원 덕분에 아기는 자꾸 걷게 돼. 받아쓰기 백 점을 받으면 부모님이 치킨을 사 주고 용돈을 주기도 하잖아. 그 응원 덕분에 기분이 좋아지고 공부를 더 열심히 하게 되지.

응원은 받는 것만이 아니라 주는 것이기도 해. 내가 누군가를 응원할 때, 그 사람은 새로운 용기를 얻어. 그리고 그 응원이 다시 돌아와 나에게 힘을 주지.

"나에게는 나를 응원해 주는 사람이 있다."

이 사실을 되뇌는 순간, 우리 안에는 놀라운 힘이 솟아. 응원하는 그들을 실망시키지 않기 위해, 또 그들과 함께 기뻐하기 위해, 우리는 더 열심히 살아가게 돼. 이것이 바로 응원의 기적이야.

내 삶의 에너지

　사람은 누구나 혼자 살아가는 것 같지만, 사실은 주변의 응원 속에서 버티며 살고 있어. 옛날 선비들이 과거 시험을 보러 갈 때, 어머니가 아침마다 정화수를 떠 놓고 기도했지. 그것이 바로 응원이었어. 말로 하지 않아도, 눈빛 하나로 전해지는 마음이지. 그런 응원이 있으면 좌절했다가도 다시 힘을 내고 날아오를 수 있어.

　미국 장애인 철인 3종 경기 선수 크리스 니킥(1999~)도 마찬가지였어. 달리다 쓰러져도, 그의 아버지는 늘 뒤에서 "넌 할 수 있어."라고 말하며 믿음을 주었대. 아버지의 응원 덕분에 그는 끝내 어려운 경기를 완주할 수 있었어.

　응원은 단순히 기분이 좋아지는 말이 아니야. 누군가 나를 믿고 격려해 줄 때 뇌의 보상 회로가 '나는 해낼 수 있다'는 신호를 보내고, 스트레스 호르몬은 줄어들지. 뇌과학적으로는 도파민과 옥시토신 같은 신경 전달 물질을 활성화시켜 동기와 안정감을 높여 줘.

　심리학적으로도 응원은 자기 효능감을 높이는 중요한 힘이야.

누군가의 믿음과 지지를 경험하면, 우리는 실제로 더 도전적인 사람이 되고 회복 탄력성도 커져.

지치고 흔들릴 때마다 나를 응원해 주는 사람들을 떠올려 봐. 그 순간 뇌와 마음은 실제로 다시 힘을 얻을 수 있어. 내 삶의 진짜 에너지원, 나의 비타민은 바로 나를 믿고 응원해 주는 사람들이야.

"내게는 나를 응원해 주는 사람들이 있어!"

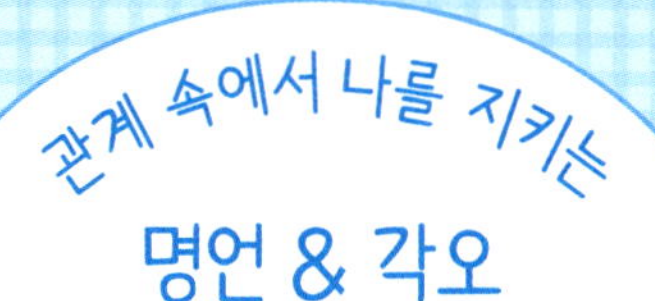

명언 & 각오

"당신이 누군가를 믿는 순간, 그는 자기가 가진 가장 좋은 것을 꺼내 보인다."

- 요한 볼프강 폰 괴테

▷ 누군가를 진심으로 믿고 응원해 줄 때, 그 사람은 스스로도 몰랐던 힘을 발휘하게 된다는 뜻이야.

*　*　*　*　*
**　**　**　**　**

◈ 더 나은 나를 위한 긍정 선언

• 나를 응원하는 사람들은 ___________________________

___________________ 야.

• 그들을 생각하면 ___________________________

___________________ 하게 돼.

나는 남의 말에
휘둘리지 않아

팔랑귀는 후회하는 귀

친구들 사이에서 '팔랑귀'라는 말을 한두 번 들어 본 적 있을 거야. 누가 뭐라고 하면 금방 흔들리고, 자기 생각보다 남의 말에 따라가 버리는 사람을 말하지. 순간 편할 수 있지만, 나중에는 꼭 후회하게 돼.

나는 여행을 좋아해서 해외여행도 자주 갔어. 낯선 나라의 식당에 들어가 메뉴판을 들여다보고 있으면 종업원이 다가와 음식을 추천해 주곤 해.

그런데 사실 나는 그 음식이 별로 먹고 싶지 않을 때도 있었어. 그래서 충분히 이야기를 들어 준 다음, 결국은 내가 먹고 싶은 전혀 다른 메뉴를 주문하곤 해. 그러면 열심히 추천하던 종업원은 어리둥절한 표정을 짓곤 했어. 그럴 때 옆에 있던 사람들이 묻곤 해.

"왜 추천하는 걸 안 먹어요?"

나는 대답했어.

“내가 이 식당에 들어온 건 내가 원하는 음식을 먹으려고 한 거 같아요.”

그게 바로 내 선택이고, 내 이유였지.

나중에 알게 된 건데, 다 그런 건 아니지만 대개 인기 메뉴 재료가 떨어져 갈 때쯤 종업원들이 다른 메뉴를 권하기도 한다는 거야. 그때 확실히 느꼈어. 남의 말에 휘둘리지 않고 내 주관을 지키는 게 멋진 일이라는 걸.

팔랑귀가 되면 나중에 후회할 수 있어. 하지만 내가 스스로 선택하고 판단한 일이라면 후회할 필요가 없지. 내 선택은 내가 책임지면 되는 거니까.

쉽게 하는 남의 말

사람들은 뭐든 쉽게 말해. 그 말들은 금세 퍼져 나가서 마치 진실처럼 들리기도 하지. 어떤 말은 나에게 용기를 주지만, 또 어떤 말은 마음을 무너뜨리기도 해. 중요한 건 모든 말이 나를 위해 있는 건 아니라는 사실이야. 강변에 놓인 돌들이 모양과 크기가 다 다른 것처럼, 세상에 떠도는 말도 다 제각각이지. 그러니까 모든 말을 다 들을 필요는 없어.

네덜란드 화가 빈센트 반 고흐는 "남들이 미쳤다 해도 나는 내 그림을 계속 그리겠다."고 말했어. 살아 있을 땐 인정받지 못했지만, 지금은 그의 그림이 수많은 사람의 마음을 움직이고 엄청난 가치를 인정받고 있어. 중요한 건 남들이 뭐라고 하느냐가 아니라, 내 마음이 어디를 향해 있는가야. 내 길을 알고 있다면, 남의 말에 휘둘릴 필요는 전혀 없어. 언젠가 목표를 이루고 성과를 내면 되는 거니까.

심리학에서는 남의 말에 쉽게 흔들리는 원인을 자기 확신 부족과 낮은 자존감 때문이라고 설명해. 자기 자신을 믿지 못하면, 남의 말이 더 크게 들리거든. 반대로 중심을 가진 사람은 쉽게 흔들리지 않아. 그렇다고 남의 말을 아예 무시하는 건 또 다른 문제야. 그것은 똥고집이나 불통이 될 수 있어. 자기 생각만 고집하고 남의 의견을 아예 듣지 않는 사람은 다른 이들과 소통이 끊겨 고립

되고 성장 기회를 잃을 수 있어.

다른 사람의 말을 경청하되, 마지막 선택은 스스로 결정하는 중심 있는 태도야말로 인생을 살아가는 데 필요한 힘이야.

청소년 시기에 가장 필요한 건 바로 이 중심을 세우는 힘이야. 남의 말에 귀를 막을 필요도, 그대로 따라갈 필요도 없어. 듣고 판단한 뒤에, 내 길과 맞는다면 받아들이고 아니면 흘려보내면 돼. 그게 바로 흔들리지 않고 앞으로 나아가는 방법이야.

"나는 남의 말에 휘둘리지 않아!"

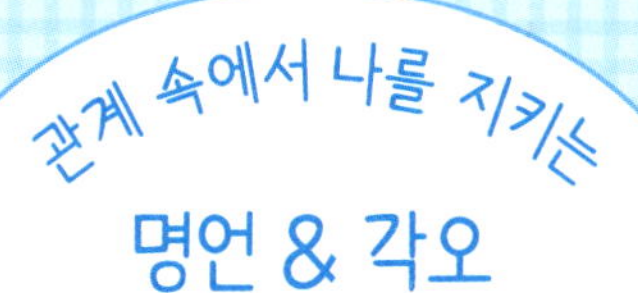

"내가 만약 다른 사람처럼 행동했더라면, 나는 내가 아니었을 것이다."

- 마릴린 먼로(미국, 배우, 1926~1962)

▷ 남을 따라 했다면 지금의 '나'는 없었을 것이라는, 자존감과 자기 선택에 대한 선언이야.

* * * * *
** ** ** ** **

◈ 더 나은 나를 위한 **긍정 선언**

· 남들은 나에게 ＿＿＿＿＿＿＿＿＿＿＿＿＿＿＿＿＿＿＿＿＿

＿＿＿＿＿＿＿＿＿＿＿＿＿＿＿＿＿＿＿＿＿ 라는 말을 자주 해.

· 하지만 나는 ＿＿＿＿＿＿＿＿＿＿＿＿＿＿＿＿＿＿＿＿＿

＿＿＿＿＿＿＿＿＿＿＿＿＿＿＿＿＿ 해서 내 생각을 실천하겠어.

내게는 나를 지킬 용기가 있어

친구와 처음 싸운 날

살다 보면 친구 사이에도 오해가 생기고, 때로는 갈등이 생기기도 해. 청소년 시기에는 특히나 억지로 참고 있던 게 폭발해서 더 큰 상처가 되기도 하고, 또 괜히 싸우면 후회가 되기도 하지. 하지만 분명한 건, 나를 지키는 힘과 용기는 꼭 필요하다는 거야.

초등학교에 다닐 때 일이야. 교실에서 나를 장애인이라고 놀리고 깔보는 아이가 있었어. 그 녀석은 내가 아무런 저항도 못 할 거라고 생각했던 거지. 하지만 나는 어려서부터 팔로 방바닥을 기어다니며 움직였기에 누구보다 팔 힘이 셌어.

참다못해 나는 결국 맞서기로 했어. 번개처럼 녀석의 팔을 잡아 비틀어 등 뒤에 붙였지. "아야!" 하고 자지러지는 비명이 교실에 울려 퍼졌어. 그날 이후로 다시는 나를 함부로 대하는 아이가 없었어. 그때 알았어. 나 자신은 내가 지켜야 한다는 것을. 무력이 되었든 지능이 되었든, 나를 지키는 최소한의 능력과 용기는 반드시 있어야 해.

물론, 나를 지키는 게 항상 힘으로만 가능한 건 아니야. 다른 방법도 있어. 내 막냇동생이 초등학교 시절, 친구의 장난감을 실수로 망가뜨린 적이 있었어. 그런데 그 친구가 돈으로 갚으라면서 매일 두 배로 늘어나는 이자로 동생을 괴롭혔던 거야.

그 말을 들은 나는 동생에게 이렇게 말해 줬어.

"걱정 말고 선생님께 말씀드려. 너를 야단치시지 않을 거야."

동생은 용기를 내서 선생님께 말했고, 결국 선생님이 나서서 문제를 해결해 주셨어.

나를 지킨다는 건, 꼭 혼자 힘으로 싸우는 것만 뜻하지는 않아. 도와줄 사람, 권위나 힘을 가진 존재를 찾는 것도 용기야.

네게 중요한 건 바로 누가 뭐라고 하든 자신을 지킬 수 있는 용기, 그리고 필요할 땐 주변에 도움을 요청할 수 있는 용기야. 이 두 가지가 있을 때 우리는 흔들리지 않고, 더 강해질 수 있어.

신념은 나의 무기

살면서 가장 지키기 어려운 게 바로 나 자신이야. 다시 말해 주체성을 갖는 것, 즉 남에게 휘둘리지 않고 내 마음을 지켜 내는 거지. 우리는 종종 남에게 잘 보이려다가 내 진짜 모습을 잃어버리기도 해. 하지만 진짜 용기는 남을 이기는 게 아니라, 나 자신을 지키는 것이야.

스웨덴의 그레타 툰베리가 활동을 시작할 때 그는 단지 열다섯 살의 학생이었어. 하지만 혼자 국회 의사당 앞에서 "기후 위기를 막아야 한다."라며 피켓을 들고 시위를 시작했어. 나중에는 UN 연설에서 세계 지도자들을 향해 "당신들은 미래를 망치고 있다."고 강하게 외쳤지. 수많은 비난과 조롱을 받았지만, 그는 물러서지 않았어. 지금도 매주 거리에 나와 같은 목소리를 내고 있어. 그가 가진 힘은 돈도, 권력도 아니었어. 바로 자신의 신념이었어.

'신념'이라는 단어가 조금 어렵게 느껴질 수 있어. 쉽게 말하면, 내가 옳다고 믿는 생각과 태도야. 예를 들어, 친구들이 모두 손을 들 때 나는 정말 옳지 않다고 생각해 반대할 수 있는 용기, 시험에서 부정행위를 하지 않겠다고 다짐하고 지켜 내는 태도, 작은 약속이라도 끝까지 지키려는 마음 같은 거야. 이런 것들이 바로 신념이야. 엄마 아빠, 선생님, 친구 앞에서 내가 믿는 바를 행동으로 보여 주는 것이 곧 신념이지.

사람들은 누구나 자신의 신념을 지킬 용기를 가지고 있어. 그것이 역사 속에서 세상을 바꿔 온 힘이기도 하지. 그러니 너도 흔들리더라도 중심을 잃지 않고 네 마음을 지켜 낼 수 있는 사람이 되어 봐.

“내게는 나를 지킬 용기가 있어!”

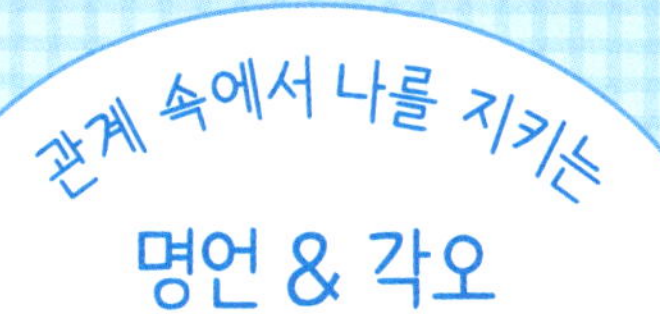

명언 & 각오

"옳다고 믿는 것을 말하고 행동하는 용기를 가져라. 말을 못 하면 적어도 당당히 서 있어라."

- 마틴 루터 킹 주니어(미국, 목사 및 시민 사회 운동가, 1929~1968)

▷ 자기 신념을 지키는 용기가 가장 중요하며, 말하지 못할 때는 침묵해도 당당히 서 있으라는 뜻이야.

*　*　*　*　*
**　**　**　**　**

◈ 더 나은 나를 위한 긍정 선언

• 지금 내가 두려운 건 ___________________________

_______________________ 이야.

• 하지만 나를 지키기 위해 ___________________________

_______________________ 을 할 거야.

긍정 확언 6

나는 무례한 사람과 거리를 둘 거야

나는 책 장수가 아니야

이 세상에는 나를 좋아하는 사람도 있고, 나를 싫어하는 사람도 있지. 요즘은 SNS 덕분에 생각지도 못한 사람과 친구가 되고, 대화를 나누기도 해. 그런데 가끔은 무례한 사람을 만나게 돼.

한번은 어떤 사람이 내게 이렇게 문자를 보낸 거야.

"작가님, 신간 나온 거 한 권 사인해서 보내 주세요."

그 사람은 나와 직접 만난 적이 없어. 게다가 나는 책 장수가 아니야. 아무리 생각해도 너무 무리한 부탁이었지. 작가가 책을 알리고 홍보한다는 건, 관심 있으면 직접 작품을 사거나 도서관에서 읽어 달라는 뜻이야. 그렇다고 내가 이렇게 답할 수도 없었어.

"사서 보시지, 왜 남의 책을 그냥 달라 그러십니까?"

또는 이렇게 따져 물을 수도 있겠지.

"작가에게 책 달라는 건, 과일 장수에게 과일 많으니 그냥 달라고 하는 거랑 똑같아요."

하지만 굳이 그렇게 대응하는 데에 내 시간을 쓰고 싶지는 않았어. 나는 조용히 SNS에서 그 사람과 거리를 두었지. 맞서 싸우거나 욕할 필요는 없어. 무례한 사람에게 신경을 쓰거나 마음을 빼앗길 이유는 없으니까.

너에게 '무례'라는 말은 어떻게 다가올까?

내 얘기를 무시하고 자기 말만 할 때, 장난이라면서 선을 넘을 때, 부탁을 하면서도 고마워하지 않을 때, 내 물건이나 내 공간을 허락 없이 함부로 할 때, 대개 우리는 "아, 저건 무례하다."라고 느껴. 단순히 기분이 나빠서가 아니라, 상대방에 대한 존중과 배려가 없는 행동이기 때문이야.

무례한 사람에게 꼭 맞서 싸울 필요는 없어. 그냥 거리를 두면 돼. 몸이 멀어지면 마음도 멀어진다는 말이 있잖아. 무례한 사람에게서 거리를 두는 게 바로 나를 지키는 길이야.

마음을 함부로 열어 주지 마

세상에는 다정한 사람도 있지만, 아무렇지 않게 상처를 주는 사람도 있어. 그들은 말로, 행동으로, 그리고 SNS 댓글이나 게시

글로 여러 가지 상처를 남기지. 중요한 건, 그들의 말에 상처받을 필요는 전혀 없다는 거야. 그건 우리 자신이 부족해서가 아니라, 그들 안에 문제가 있기 때문이야.

미국의 흑인 작가 마야 앤절로(1928~2014)는 이렇게 말했어.

"사람들은 당신이 어떤 말을 했는지는 잊을지라도, 당신이 그들을 어떻게 대했는지는 기억하게 된다."

그 말처럼, 나도 상대가 무례하더라도 나답게 대하고, 필요하다면 조용히 거리를 두려고 해.

여기서 기억해야 할 게 있어. 예의는 선택이 아니라 기본이라는 거야. 기본을 지키지 않는 사람에게까지 마음을 내줄 필요는 없어.

그럼 마음을 연다는 건 뭘까? 마음을 연다는 건 단순히 친절하게 말하는 게 아니야. 내 비밀을 털어놓는 것, 내 고민을 나누는 것, 내 소중한 시간을 함께하는 것, 이런 것들이 다 마음을 열어 주는 행동이야. 그런데 무례한 사람에게까지 내 마음을 건드릴 권한을 내어 줄 필요는 없지.

나는 내 마음이라는 집의 열쇠를 아무에게나 주지 않을 거야. 기본을 지키지 않는 사람, 배려가 없는 사람에게는 더더욱 그래. 그들이 내 안으로 들어와 내 마음을 헤집도록 허락하지 않을 거야.

무례한 사람과 거리를 두는 것, 그것이 바로 나를 지키는 방식이야. 내 마음의 문은 아무에게나 열어 주는 게 아니니까.

"나는 무례한 사람과 거리를 둘 거야."

　　　　　관계 속에서 나를 지키는 긍정 확언 6

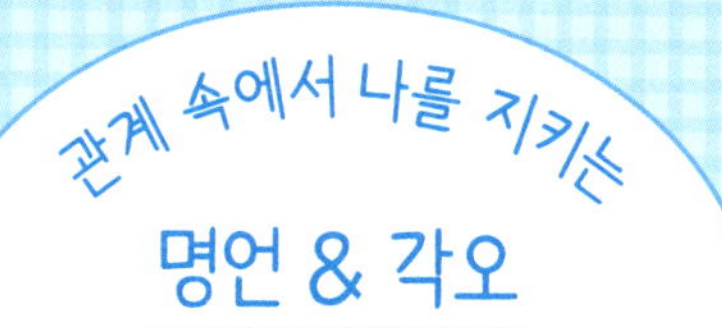

명언 & 각오

"무례한 사람에게 친절하게 대하는 것은 나 지신을 존중하는 방식이다."

- 미셸 오바마(미국, 영부인, 1964~)

▷ 상대가 무례하더라도, 마음의 거리는 두고 나의 태도는 나 자신의 품격과 존엄을 반영해야 한다는 뜻이야.

*   *   *   *   *
** ** ** ** **

◈ 더 나은 나를 위한 긍정 선언

• 내게 무례한 사람은 ________________________________

________________ ________ 아.

• 그에게 나는 앞으로 ________________________________

________________________________ 거야.

나는 다른 사람의 행복을 빌어 줄 거야

행복을 빌어 주면 나도 행복해

살다 보면 이해하기 힘든 말을 하는 사람을 만날 때가 있어. 나도 그런 경험이 있었어. 어떤 사람이 찾아와서 "이 프로그램만 가입하면 가만히 앉아 있어도 돈이 들어온다."고 말했지. 나는 마음속으로는 '정말 될까?' 싶었지만, 굳이 그 자리에서 그를 비웃거나 면박을 주지는 않았어. 대신 이렇게 말했어.

"사업이 잘되길 바랍니다. 행복하세요."

집으로 돌아오면서 곰곰이 생각했어. 과연 그게 가능할까? 가능할지는 몰라도 쉽지 않을 거야. 하지만 그건 결국 그 사람이 스스로 책임질 일이잖아. 내가 굳이 날카롭게 부정적인 말로 비판할 필요는 없지. 남을 저주하거나 못된 이야기를 할 필요도 없어. 오히려 그 사람이 잘되길 빌어 주는 게 더 나아.

행복을 빌어 준다고 해서 나에게 손해가 되는 건 아니야. 오히려 내 마음이 편안해지고 따뜻해져. 가령 친구가 시험을 망쳤다고 속상해할 때, "괜찮아, 다음에는 더 잘될 거야."라고 응원해 주면 자신도 덩달아 힘이 나지. 운동 경기에서 이기고 싶었지만 아쉽게도 졌을 때, 상대의 승리를 인정하고 "수고했어!"라고 말하면 마음이 개운해지기도 해.

또 친구가 나보다 더 잘했을 때, 질투하는 대신 "너 진짜 멋있었어!"라고 상대를 높여 주면 왠지 내 자신도 멋진 사람이 된 것 같은 생각이 들어.

남의 행복을 빌어 주는 건 단순한 예의가 아니야. 부정적인 말로 상처 주지 않는 지혜이고, 내 마음을 따뜻하게 만드는 긍정의 힘이야. 누군가의 앞날을 응원하는 말은 나에게도 그 힘이 돌아와. 그래서 행복을 빌어 주면, 결국 나도 행복해지는 거야.

다른 사람의 행복을 응원해

행복은 비교해서 얻어지는 게 아니야. 가끔 다른 사람이 잘되면 배 아파하는 사람이 있어. 하지만 그럴 필요 없어. 그건 그 사람의 몫일 뿐이야. 누군가 잘된다고 내 행복이 줄어드는 것도 아니거든. 나에게는 내 몫의 행복이 있어. 그걸 찾아내면 돼. 그래서 다른 사람의 행복을 웃으며 축하해 줄 수 있는 사람이 되어야 해.

프랑스 소설 《레 미제라블》의 주인공 장발장은 억울하게 누명을 쓴 전과자였고, 사회적으로도 경제적으로도 궁핍했어. 하지만 고아 소녀 코제트를 입양해 키우며, 다른 사람들을 위해 자신을 희생했어. 자신의 상황이 힘들어도 남의 행복을 위해 노력한 모습은 큰 감동을 주지.

청소년들이 흔히 묻는 말이 있어.

"왜 굳이 남의 행복을 응원해야 하죠? 그냥 무관심한 게 더 편하지 않나요?"

여기엔 심리학적인 이유가 있어.

심리학에서는 누군가의 행복을 기원하고 돕는 마음을 '이타심'이라고 해. 이타적인 행동을 하면 뇌에서 도파민과 옥시토신이 분비되어, 나 자신도 기분이 좋아지고 안정감을 느끼게 돼. 즉, 남을 응원하는 게 곧 내 뇌를 행복하게 하는 거야. 또한 친구가 시험에 합격했거나 운동 경기에서 이겼을 때, 함께 기뻐하면 우정이 깊어지지. 공감은 단순히 상대를 위한 게 아니라, 관계를 단단하게 만드는 힘이야.

남의 행복을 응원한다는 건 단순한 착한 행동이 아니라, 내 마음을 더 건강하게 만드는 힘이야. 무관심은 당장은 편할지 몰라도 결국 자신을 고립시키는 지름길이야.

하지만 남의 행복을 함께 축하하고 응원하면, 관계도 좋아지고 나의 행복도 커지지. 그러니 다른 사람의 기쁨을 시샘이 아닌 응원으로 바라보자. 그게 곧 나 자신을 더 행복하게 만드는 길이니까.

"나는 다른 사람의 행복을 빌어 줄 거야!"

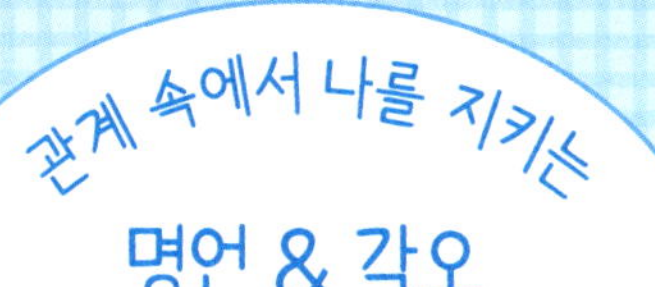

명언 & 각오

"행복은 향수와 같아서, 다른 사람에게 뿌리면 나에게도 몇 방울은 떨어진다."

- 랠프 월도 에머슨(미국, 시인, 1803~1882)

▷ 타인의 행복을 진심으로 빌어 줄 때, 그 긍정적 에너지와 기쁨이 나에게도 돌아온다는 뜻이야.

* * * * *
** ** ** ** **

◈ 더 나은 나를 위한 **긍정 선언**

• 내가 행복을 빌어 줄 사람은 ___________________________

___________________________ 야.

• 그가 ___________________________

___________________________ 을 이루도록 빌어 줄 거야.

나는 찌질하게 안 살아

잘못은 잘못으로 인정해

우리가 가장 많이 하는 실수 중 하나는, 잘못했을 때 변명부터 하는 거야. 변명을 하면 순간은 모면할 수 있을 것 같지만, 결국 더 찌질해 보여. 여기서 '찌질하다'는 '우물쭈물하고 당당하지 못한 모습', '쓸데없이 구차한 모습'을 뜻하는 속어야.

나는 운전을 하면서 그걸 크게 깨달은 적이 있어.

나는 KTX 같은 빠른 교통수단이 닿지 않는 곳은 직접 차를 몰고 가는데, 내 차에는 장애인 운전 보조 장치가 달려 있어. 운전을 하다 보면 신호를 잘 지키려고 해도 종종 불가피한 상황이 생길 때가 있어.

한번은 유턴 신호가 도무지 뜨지 않기에, 신호등이 고장 난 줄 알고 먼저 돌았어. 아뿔싸. 그런데 내가 돌자마자 신호가 켜지는 거야. 한마디로 서둘러 불법 유턴을 한 거지. 하필 앞에 경찰관이 서 있었고, 나를 손짓해 불렀지. 위법하거나 불응한 다른 운전자들은 경찰관과 실랑이를 벌이며 "왜 나만 잡느냐.""억울하다." 같은 말을 하고 있었어.

하지만 나는 굳이 그렇게 하고 싶지 않았어. 바쁜 길도 가야 했고, 무엇보다 구차하게 보이고 싶지 않았거든. 그래서 면허증을 서둘러 내주면서 이렇게 말했지.

"빨리 딱지 끊어 주세요. 위반은 위반이니까요."

경찰관은 웃으며 대답했어.

"이렇게 당당한 분은 처음 봅니다."

그날 나는 벌금을 내고, 다시는 법규를 어기지 않겠다고 마음먹었어. 잘못은 잘못으로 인정하고, 다시는 반복하지 않으면 되는 거야.

너도 학교에서, 집에서, 친구들 사이에서 잘못을 할 수 있어. 그럴 때 구구절절한 변명이나 핑계를 대면 오히려 더 신뢰를 잃게 돼. 그게 바로 찌질한 거니까.

하지만 솔직하게 "내가 잘못했어. 다시는 그러지 않을게."라고 말하면, 오히려 당당해 보여. 잘못을 인정할 줄 아는 사람이 결국 더 멋있고, 신뢰받는 사람이니까.

떳떳한 사람이 되고파

청소년들이 종종 내게 물어. "선생님, 어떻게 살아야 하나요?"라고 말이지. 그 대답은 여러 가지일 수 있어. 노력해야 한다거나 꿈을 가져야 한다는 말도 맞아. 하지만 그 모든 것보다 중요한 건 바로 태도의 문제야.

적어도 비겁하지는 않아야 해. 남을 깎아내리며 올라가거나, 뒤에서 헐뜯는 건 바람직하지 않아. 상처받았다고 똑같이 되갚는 건 결국 자신을 더 초라하게 만들 뿐이지. 그러니 어떤 상황에서도 기품을 지키려 노력해야 해. 지더라도 당당하게 지는 사람이 되면 되는 거야.

프랑스 작가 알베르 카뮈(1913~1960)는 이렇게 말했어.

"고귀하게 산다는 건, 삶 앞에서 자신을 속이지 않는 것이다."

그런데 태도가 왜 최고의 경생력이 되는 걸까?

심리학에서는 태도가 행동을 결정짓는 중요한 요소라고 말해. 긍정적인 태도를 가진 사람은 더 적극적으로 행동하고, 어려움 속에서도 포기하지 않아. 반대로 부정적인 태도는 능력이 있어도 발휘되지 못하게 막아.

또한 태도는 관계를 바꾸는 힘이야. 타인에게 어떤 태도로 대하느냐가 신뢰를 만들거든. 무례하거나 거만한 태도는 사람들을 멀어지게 하지만, 존중과 배려가 담긴 태도는 친구와 선생님, 부모님과의 관계를 튼튼하게 해. 결국 관계라는 자산을 쌓아 주는 건 실력이 아니라 태도야.

마지막으로 태도는 나 자신을 지키는 근본적인 힘이야. 남과 비교하다 보면 흔들릴 때가 많아. 하지만 "나는 나답게 당당하게 간다"는 태도를 가진 사람은 쉽게 무너지지 않아. 자기 자신을 존중하는 태도는 결국 자존감으로 이어지고, 삶을 버티게 하는 가장 큰 힘이야.

공부나 재능보다 더 오래 남는 건 태도야. 태도는 단순한 겉모습이 아니라, 내가 세상을 어떻게 바라보는지, 남을 어떻게 대하는지, 나 자신을 어떻게 믿는지, 그 모든 것을 보여 주는 거야. 결국 최고의 경쟁력은 실력이 아니라 태도야.

태도가 올바르면 실력은 자연스럽게 따라오고, 사람들도 너를 신뢰하게 돼. 세상은 결국 당당한 태도를 가진 사람에게 길을 열어 준단다.

"나는 찌질하게 안 살아!"

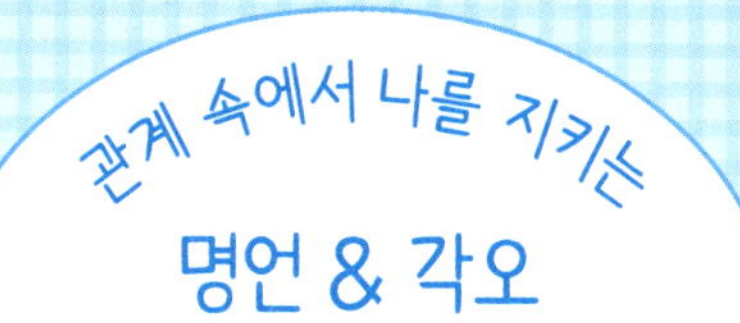

명언 & 각오

"실수를 인정하는 것은 용기이며, 핑계를 대는 것은 두려움의 표현이다."

- 존 맥스웰

▷ 누구나 실수할 수 있지만, 그것을 있는 그대로 받아들이고 인정하는 사람은 진정으로 용기 있는 사람이야.

*　*　*　*　*
**　**　**　**　**

◈ 더 나은 나를 위한 긍정 선언

• 나는 남 앞에서 ________________________

________________________ 한 사람이야.

• 실수를 해도 ________________________

________________________ 라고 말할 거야.

나는 감정에 휘둘리지 않아

감정에 치우쳐 실수할 뻔한 이야기

감정을 참기가 어려운 순간, 참 많지? 친구가 내 흉을 보거나, 게임에서 억울하게 졌을 때, 부모님이 나를 오해하고 혼내실 때, 순간 화가 확 올라오잖아. 그럴 때 대부분은 소리를 지르거나 문을 쾅 닫아 버리지. 하지만 나중에 돌이켜 보면, "내가 왜 그랬을까?" 하고 후회할 때가 많아.

나도 그런 경험이 있었어. 한번은 우체국에 가는 길이었지. 차에서 내리려면 휠체어를 꺼내야 했는데, 혼자 하기엔 힘이 들었어. 지나가던 아저씨에게 정중하게 부탁했어,

"죄송하지만 저 좀 도와주실래요?"

그런데 그 사람은 나를 보지도 않고 손사래를 치며 바쁘다고 우체국으로 들어가 버렸어. 순간 불쾌한 감정에 화가 확 났어. '어떻게 저렇게 불친절할 수 있지?' 하는 생각이 들었지.

하지만 잠시 숨을 고르고 생각해 보니, 정말 급한 일이 있었을

수도 있고, 내 목소리를 잘 못 들었을 수도 있겠다는 생각이 들었어. 그래서 감정을 억누르고 다른 사람의 도움을 받아 우체국 안으로 들어갔어.

그런데 아까 내 요청을 무시한 사람이 우편물을 여러 개 부치다가 나를 발견하고는 당황해하며 사과를 하지 않겠어?

"장애인이셨군요. 죄송합니다. 제가 너무 급해서 그만…."

나는 "괜찮습니다."라고 웃으며 대답했어. 알고 보니 그 사람에게도 사정이 있었던 거지.

사람은 누구나 실수할 수 있어. 때로는 나를 무시하는 것처럼 보여도, 사실은 오해일 수도 있어. 중요한 건 그 순간 내 감정을 조절하는 힘이야. 감정에 휘둘리면 작은 일도 큰 싸움이 돼. 하지만 잠깐 숨을 고르고 다른 사람의 입장에서 생각을 하면, 실수를 줄일 수 있어.

청소년 시기에는 아직 자기 감정을 완전히 이해하거나 조절하기 어렵지만 연습은 할 수 있어. 하루에 한 번이라도 자신의 감정을 돌아보고 인정해 봐. 그리고 스스로 다짐을 해 봐.

"나는 감정에 휘둘리지 않는 사람이야."

감정은 다루기 힘든 고양이

감정은 마치 어디로 튈지 모르는 고양이 같아. 언제는 다가와 쓰다듬게 하더니, 언제는 발톱을 세우며 달아나 버려.

그런데 감정은 대부분 순간적인 것이야. 그 순간에 따라 바로 행동하면 실수할 가능성이 크지. 그래서 화가 날 때는 잠시 숨을 고르고 감정을 보류하는 게 좋아.

독일 군대에서는 상관의 부당한 명령이나 태도를 고발할 때 다음 날 하도록 한다고 해. 하루가 지나면 화가 어느 정도 가라앉아서, 감정이 아닌 이성으로 판단할 수 있기 때문이지.

심리학에서는 감정을 단순히 억누르거나 지배해야 할 대상으로 보지 않아. 오히려 존중하고 이해해야 할 신호라고 말해. 감정은 몸과 마음의 경고등 같은 거야. 화가 난다는 건 "지금 내 권리가 무시당했어."라는 신호이고, 불안하다는 건 "앞으로 다가올 상황을 준비해야 해."라는 신호지.

중요한 건 그 감정을 무시하지 말고, 잘 다루는 것이야. 즉, 감정을 느낀 뒤에 "왜 이런 감정을 느꼈을까?"를 한번 생각해 보는 거지. 감정을 존중하되, 감정이 곧 행동을 결정하게 놔두면 안 돼. 심리학에서는 이를 '감정 조절'이라고 불러.

　감정은 나이, 환경, 시간, 장소에 따라 계속 변해. 오늘은 친구의 말 한마디에 상처받지만, 내일은 아무렇지도 않을 수도 있지. 그래서 감정은 변동 값이야. 그렇다면 나를 지키는 고정 값은 뭘까? 바로 나의 태도와 가치관이야.

　"나는 남을 존중한다."

　"나는 쉽게 폭발하지 않고, 상황을 이해하려 한다."

　"나는 내 감정을 있는 그대로 인정하지만, 감정대로 행동하지는 않는다."

　이런 고정 값이 있으면, 감정이라는 변동 값이 아무리 출렁여도 결국 다시 중심을 잡을 수 있어.

　지혜로운 사람은 감정에 끌려가지 않아. 감정 위에 서서 자신을 조절하지. 감정을 억누르기만 하는 것도, 감정에 끌려다니는 것도 답이 아니야. 감정을 존중하면서도 다룰 줄 아는 사람이 진짜 성숙한 사람이야. 청소년 시기부터 이 연습을 하면, 네 인생이 훨씬 더 편하고 단단해질 거야.

　"나는 감정에 휘둘리지 않아."

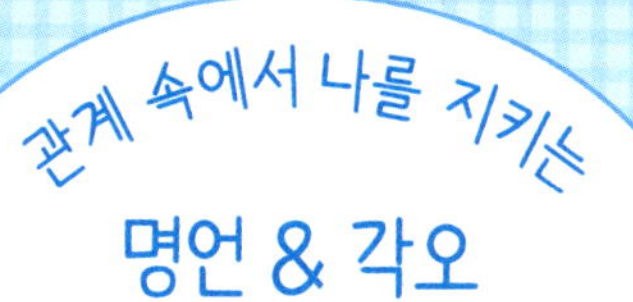

명언 & 각오

"감정은 좋은 하인이지만, 나쁜 주인이다."

– 데이비드 흄(영국, 철학자, 1711~1776)

▷ 감정은 우리가 적절히 다스릴 때는 훌륭한 조력자이지만, 감정에 끌려다니면 삶을 어지럽히는 위험한 주인이 된다는 뜻이야.

* * * * *
** ** ** ** **

◈ 더 나은 나를 위한 **긍정 선언**

• 내 감정은 ______________________________

______________________________ 지킨다.

• 흔들려도 ______________________________

______________________________ 않는다.

나를 단단하게 만들어 가는
119 체크표

작심삼일이어도 좋아. 일단 시작해 보자.

1일 10번 90일 동안 나 자신에게 긍정의 말을 해 주자.

루틴이 습관이 되면 일상에 작은 변화,

좋은 변화가 생길 거야.

Day	확언일	오늘의 확언 문장	완료 체크 (10회)
1일			
2일			
3일			
4일			
5일			
6일			
7일			
8일			
9일			
10일			

11일											
12일											
13일											
14일											
15일											
16일											
17일											
18일											
19일											
20일											
21일											
22일											
23일											
24일											
25일											
26일											
27일											

28일												
29일												
30일												
31일												
32일												
33일												
34일												
35일												
36일												
37일												
38일												
39일												
40일												
41일												
42일												
43일												
44일												

45일												
46일												
47일												
48일												
49일												
50일												
51일												
52일												
53일												
54일												
55일												
56일												
57일												
58일												
59일												
60일												
61일												

62일												
63일												
64일												
65일												
66일												
67일												
68일												
69일												
70일												
71일												
72일												
73일												
74일												
75일												
76일												
77일												
78일												

79일												
80일												
81일												
82일												
83일												
84일												
85일												
86일												
87일												
88일												
89일												
90일												

결국 해냈구나! 축하해!

실패해도 다시 해 보려는 도전, 지속 가능하게
노력하는 자세는 분명히 너를 더 단단하게
만들어 줄 거야. 더 나은 자신의 모습을 위해
노력하는 너는 정말 멋진 사람이니까.